Satt sein ist ein wunderschönes Geschenk im Bauch,
im Herzen und im Kopf ...

sagt Sarkini aus Nepal

Ich war schon so lange nicht mehr richtig satt ...

sagt Kessang aus Tibet

Ich liebe tanzen in der Sonne am Meer

sagt Juan aus Kuba

ich lache so gern mit meinen Freunden

sagt Yurema aus Nepal

Gerne spiele ich Karten und gewinne dabei

sagt Kasim aus Indien

Kinder der Welt kamen zu Wort

Herstellung und Verlag: BoD - Boooks on Demand, Norderstedt

ISBN: 978-3-7322-5695-2

René Schwamb (ehrenamtliche Mitarbeit)

Inhaltsangabe

Vorwort

Wenn das Gute liegt so nah

Vor einigen Jahren wollte ich einen roten Beatle Cabrio kaufen, mit einem schwarzen Dach. Ich habe viel unternommen – ich war im Internet, ich habe auf Anzeigen reagiert, ich war in Wolfsburg in dem Hauptwerk von VW. Dort auf dem Mitarbeiterparkplatz, wo die Jahreswagen verkauft werden, überall war ich vor Ort. Doch meinen roten Beatle mit dem schwarzen Dach fand ich dort nicht.

Also bin ich wieder nach Hause gefahren. Habe dort verweilt und bin mit offenen Augen durch meine eigene Stadt gelaufen. Vor einem Autohaus dessen Tore bereits verschlossen waren, stand ein kleiner Junge. Dieser Junge spielte mit seinem Ball und war sehr vergnügt. Eine Zeit lang schaute ich diesem Jungen zu. Und in dem Moment, als er mir freudig rüber winkte, schoss er vor Freude seinen Ball hoch in die Luft, aber der Ball senkte sich hier dem Firmentor. Der kleine Junge weinte. Er wollte unbedingt seinen Ball wieder haben. Der Abend senkte sich schon und die Sonne war untergegangen.

Ich half diesem kleinen Jungen. Ich versuchte am Tor zu klopfen, ich versuchte neue Wege zu finden, um in den Innenhof des Firmengeländes zu kommen. Der kleine Junge hatte die Idee, dass ich ihn stützen sollte, damit er über das Firmentor klettern konnte. Dies schien mir zu gefährlich und wir haben dann beide an das Firmentor geklopft und siehe da, jemand hatte uns gehört und öffnete die Tür. Es stellte sich heraus, dass der Mechaniker, der noch etwas zu erledigen hatte unsere Stimmen hörte und uns öffnete. Der kleine Junge war heil froh, dass er seinen Ball wieder gefunden hatte und ich stand zu der Zeit im Innenhof dieses Geländes. Plötzlich traute ich meinen Augen nicht. Dort stand ein roter Beatle Cabrio mit einem schwarzen Dach. Auf den Außentüren war in einem schönen Schriftzug das Wort „Lebenslust" aufgedruckt.

Ich kaufte den Wagen, der Junge fiel mir in die Arme, er war froh, dass er seinen Ball wieder gefunden hatte und wir beide waren für einen Moment sehr glücklich.

Was will uns diese kleine Geschichte, die sich in Wahrheit zugetragen hat, damit sagen?

Will sie uns sagen, dass das wirklich Wahre dicht bei einem liegt? Das man nicht in die Ferne schweifen muss, denn das Gute liegt so nahe? Oder war es einfach nur ein Wink des Schicksals? Die Antworten darf jeder Leser für sich selbst finden. Ich habe daraus meine eigene Wahrheit gefunden. Und in diesem Buch möchte ich Ihnen davon einiges erzählen. Lassen Sie sich also ein, auf die Suche nach der inneren Balance. Jeder ist aufgerufen seine eigene Lebenslust zu finden. Und wenn wir auf einem guten Wege sind, macht es richtig Spaß der eigenen Intuition zu folgen.

Lassen Sie sich inspirieren,

lassen Sie dabei ihren eigenen Lebensweg einfließen,

lassen Sie Ihre Erfahrungen zu Worte kommen und bilden Sie daraus die Bilder für Ihre eigene innere Balance.

Viel Spaß dabei wünscht Ihnen

Karin Engel

Lebenslust

... von der Kunst die eigene Balance zu finden

Lebenslust

Wenn Sie sich an Ihre eigenen Lebenslust orientieren, welche Gedanken kommen Ihnen dabei? Denken Sie vielleicht an Ihren letzten Urlaub, an Ihren letzten Strandtag, denken Sie vielleicht an ein schönes Tanzerlebnis oder denken Sie an einen erfolgreichen Lebenstag? Denken Sie dabei vielleicht auch an einen Sprung in ein kühles Wasser, ob es am Meer oder am See ist, denken Sie dabei an einen schönen Abend mit einem geliebten Partner oder denken Sie vielleicht einfach an eine schöne Musik oder an einen schönen Bühnenauftritt?

Sicherlich kommen Ihnen bei dem Lesen noch mehrere Ideen, ich lade Sie einfach mit mir ein, einen kleinen Exkurs in das neue Kuba zu machen.

Vor einigen Jahren übergab Fidel Castro die Macht an seinen Bruder Raúl. Seit dem bestimmen Reformen, neue Hoffnungen den Alltag der Karibik-Insel. Es sind Veränderungen, die auch vielen Urlaubern gut gelegen sind. Wer kennt den Eindruck aus seinem letzten Urlaub?

Zwischen Bett und Weltwunder liegen nur 2 m. Der Strand über 50 km lang, schneeweiß und ziemlich einsam. Dazu hinter jeder Palme ein schöner karibischer Rhythmus. Seit einem Jahr vermietet Rinaldo Rodrigez sein ehemaliges Wohnzimmer mit Terrasse zum Meer an Urlauber. „Casa Particular" heißen diese neuen ganz offiziellen Privatunterkünfte. Die Regierung hat nun vermehrt Vermieter wie Rinaldo zum Kleinunternehmer gemacht. Eingebaut in diesen warmen Sommertag ist die kubanische Musik. Jeder Kubaner liebt diese gute Laune. Und jeder Kubaner liebt seine 600 Strände, die in der Nacht, wenn die heiße Sonne untergegangen ist, zum Tanzen einladen.

Im Jahre 1959 planten hier Fidel und Che die Revolution. Heute ist hier ein großer, toller Nationalpark. Alte Autos, die sogenannten Oldies, fahren auf Kuba immer noch. Es sind die uralten Ami-Schlitten, sie sind teilweise mehr als 60 Jahre alt. Hier vergisst man die Zeit. Apropos Zeit, Zeit für eine Siesta ist immer. Mittags sind die Straßen recht leer.

Havannas große Bühne, der Malecón, die große Uferpromenade lädt zum Tanzen, zum Flirten und zum Baden ein. In Kuba wird gelebt, mit allen Sinnen, so wie es die Kubaner selbst sagen. Es ist pure Lebenslust, wenn sie die Kubaner tanzen sehen, schwimmen sehen, laufen sehen oder auch einfach nur auf Malecón flanieren sehen. Die Musik, ob es der uralte Son ist, der von den alten Menschen, wenn die Sonne untergegangen ist auf der Straße, überwiegend getanzt wird, oder ob es die Salsa oder die Merengue ist, in jeder Bewegung des Körpers, in jeder Bewegung der Mimik ist die reine Lebenslust der Menschen zu spüren. Steigen wir wieder um aus dem Zug der Träume und Erinnerungen, herein in unseren Alltag zu Hause.

Wie kommt es, dass wir in unserer heutigen Welt diese Leichtigkeit und diese Lebenslust oft zu schwer in uns finden können? Warum lassen wir uns heute so schwer zum Lachen inspirieren und hängen oft so schweren Gedanken nach? Vor einigen Jahren traf ich in Neus Jane Goodall. Frau Goodall (78 Jahre) gilt als eine der bekanntesten Wissenschaftlerinnen der Welt und sie gilt als eine der klügsten Frau unserer Zeit.

Für mich war es eine ganz besondere Begegnung, als sie einen Vortrag über das Verhalten und ihre Beobachtung in der

Schimpansen-Welt berichtete. Sie eröffnete den Vortrag nicht mit einem menschlichen „Guten Tag", sondern mit der Affensprache. Die Zuhörer waren begeistert. In ihren einzelnen Beobachtungen schilderte sie, was sie von den Schimpansen gelernt hat. Vor allem haben „sie mir beigebracht, eine gute Mutter zu sein". Die ersten Jahre ist mein Sohn in der afrikanischen Wildnis aufgewachsen, in der sein Vater Löwen, Hyänen und Wildhunde filmte, während ich Schimpansen beobachtete. Eine gute Schimpansenmutter beschützt ihr Kleines, aber nicht zu sehr.

Nach fünf Jahren hörte sie auf ihrem Jungen die Brust zu geben. Das Kind ist zwar ein paar Monate unglücklich und hat auch Wutanfälle, aber die gute Schimpansenmutter bleibt konsequent. Sie führte weiter aus, was wollte die Schimpansenmutter uns damit sagen? „Du bekommst keine Milch, aber ich habe dich trotzdem lieb", sollten wir auch so mit unseren Kindern umgehen. Manchmal sind unsere arbeitenden Mütter vielfach in ihrem eigenen Empfinden schuldig, weil sie beispielsweise Arbeiten müssen, um den Lebensunterhalt zu verdienen.

Deshalb kann es sein, dass viele Mütter und auch Väter, die die Kindeserziehung übernehmen, zu häufig nachgeben. Ein Kind verliert dabei die Übersicht, was sein darf und was sein kann. In einem abgesteckten Rahmen fühlt sich ein Kind sicher, auch wenn es nicht immer seinen eigenen Wünschen entspricht. Jane Goodall lebte zwischen Bäumen, dem Wasser, den Wolken und den Tieren. „Ich konnte so zu meiner eigenen Essenz zurückfinden, unbeeinflusst von meinem Ego, von meinem sozialen Status oder gar von materiellen Dingen." Sie lebte spartanisch, in einem Zelt mit einem Feldbett, besaß nur wenige Kleidungsstücke – dennoch so führte sie aus, „fühlte ich mich reicher als je zuvor."

Ich fühlte mich frei, hatte viel Zeit zum Nachdenken und hatte Zeit meine eigenen Gefühle zu spüren. Ich habe herausgefunden, dass ich mich am Wohlsten fühle, als ich nichts und gleichzeitig alles hatte. Das plätschernde Wasser des Sees, die zahllosen funkelnden Sterne am Himmel, die Symphonie der Vögel, der Heuschrecken und der Sonnenstrahlen, die durch das Blätterdach fallen. Meine Frage, ob die Zeit des Dschungellebens ihre Sicht auf die westliche Gesellschaft verändert hat, beantwortete sie wie folgt „Die Natur ist wunderschön und bereichernd, sodass mir unsere Welt gerade zu abschreckend hässlich und spirituell verarmt vorkommt." Wir glauben, dass wir all die materiellen Dinge brauchen und werden immer abhängiger von ihnen. Aber wie viele Leser inzwischen wissen, kann man das Glück auch in einem einfach, bescheidenen aber dafür sinnvollen Leben finden.

Wenn jemand mal einige Zeit alleine in der Natur unterwegs ist, kann man seine eigene Erfahrung mit seiner Kraft aus der göttlichen Quelle schöpfen. Man muss es nicht verdienen, oder danach fragen, man muss einfach offen für diese Erfahrung sein und schon berührt sie uns. Diese Kraft fließt durch alle lebenden Dinge. Durch die Bäume, durch die Tiere, durch die Pflanzen und natürlich durch uns als Mensch. Diese große spirituelle Macht, die durch die Erschaffung von Leben erzeugt wird, ist wesentlich stärker als jeder einzelne von uns. Wenn wir uns dessen bewusst werden und ich hoffe, dass wir uns dessen jeden Tag aufs Neue bewusst werden, werden wir auch unsere eigene Kraft und Lebensfreude stärker spüren können.

Auf meine Frage, welche natürlichen Instinkte haben wir im Laufe der Jahrhunderte verloren, antwortete sie mit einer Schimpansenantwort, auch genau in der Lautform eines Schimpansen und freundlicherweise übersetzte sie mir anschließend diesen Wortlaut, was er heißen sollte. Unsere mentalen Fähigkeiten haben uns zwar sehr viel Wissen beschert, allerdings schränken sie uns auch ein.

Worte sind das Instrument unseres Verstandes und wenn wir sie eine Zeit lang nicht mehr benutzen, bekommt unser intuitives Ich eine neue Chance. Die Fähigkeit zu sein, statt zu tun, oder zu denken. Wir finden uns dann in einer Welt wieder, in der das Leben gelebt statt diskutiert wird. Wer Glück hat, erlebt sich selbst und das was sich hinter den Platituden der Gedanken und Gefühle versteckt. Ich persönlich war dankbar für diese Demut, die ich in diesem Moment empfinden konnte, einer solchen großen und dennoch kleinen und zarten Frau gegenüber zu stehen.

Frau Goodall war ich sehr dankbar, sie revolutionierte die Verhaltensforschung. Sie entdeckte, dass Schimpansen Fleisch fressen, Werkzeuge herstellen und benutzen, eine

Sprache haben und Kriege führen. Ihr Jane-Goodall-Institut kämpft heute weltweit für die Erhaltung der Natur und setzt Studenten ein, für die Sauberkeit der Urwälder. Volontärs sind herzlich in ihrem Institut eingeladen.

Ich habe diesen Tag in Neus mit Frau Goodall sehr genossen und ich habe sehr viel bestätigt bekommen, von meinem Denken. Das Wichtigste, das ich für mich behalten habe, war das Innehalten. Wenn wir die Instrumente unseres Verstandes zur Seite legen kommt unser intuitives Wissen zur Geltung. Wir erlangen mehr und mehr Zugang zu unserem eigenen Wesen. Wir lernen unsere Gefühle spüren, wir lernen unsere Gefühle zu achten und wir lernen auch auf dieser Ebene mit unserem Gegenüber umgehen zu können. Achtsamkeit, sich selbst und anderen Gegenüber ist hier sicher ein großer Schlüssel.

Arthur Schoppenhauer sagte einmal: „Was das Herz nicht fühlt, lässt der Verstand nicht rein". Doch was sind die Gesetze und Regeln unseres Herzens? Hat unsere moralische Intuition, die allem anderen voraus geht eine Logik?

Der Bestsellerautor und Philosoph Richard David Precht hat in seinem Buch „die Kunst, kein Egoist zu sein" zu einigen Fragen Stellung genommen.

Egoisten im Sinn der Selbstsucht sind Menschen, die von anderen um nichts in der Welt so behandelt werden möchten, wie sie andere behandeln. Die anderen Menschen werden nicht als gleichberechtigt wahrgenommen, sondern als Mittel zu ihrem persönlichen Vorteil. Ein knallharter Egoist stolpert durch ein Leben voller Nachteile. Deshalb sind die Menschen lieber freundlich und kooperativ. Was auch unserer Gehirnstruktur entspricht.
Neurologen fanden heraus, dass unser Gehirn sozial programmiert ist. Unser Gerechtigkeitsempfinden sitzt vermutlich im Scheitellappen unseres Großhirns. Unser Mitgefühl soll sich im Stirnhirn befinden.

Der Hirnforscher Joachim Bauer fand heraus, „nichts aktiviert unsere Motivationssysteme im Gehirn so sehr wie der Wunsch, von anderen gesehen zu werden, die Aussicht auf soziale Anerkennung.

Unser Bild im Auge des Anderen leitet unser Handeln deshalb mindestens ebenso stark wie jedes harte egoistische Motiv.

Eine Hoffnung für alle Egoisten: Über seinen egoistischen Schatten zu springen ist also kein Problem.

Dennoch stellt sich die Frage, werden wir unseren eigenen moralischen Ansprüchen immer gerecht? Können wir immer beruhigt in den Spiegel schauen und uns freuen wenn wir uns sehen? Ein wichtiger Teil der Frage, ob unser Leben ein erfülltes Leben ist, wird auf diesem Feld beantwortet. Die landläufige Meinung ist, nur wenn wir halbwegs im Einklang mit dem Leben was für uns richtig und falsch ist, haben wir eine Chance auf ein glückliches Leben. Die Frage hierbei ist jedoch, ob unser Wirtschaftssystem, in dem wir leben, Egoismus heranzüchtet? Diese Frage, welche Werte vermitteln wir unserer Jugend, welche Werte leben wir selbst, welche Haltungen geben wir weiter als Vorbilder und welche Haltungen entwickeln wir in uns selbst und zu unseren Vorfahren?

Precht antwortete hierzu – unsere sozialen Systeme sind nicht mehr in erster Linie moralische Systeme – wir leben in einer

Welt der Sachzwänge, in der wir selten moralisch verantwortlich sind. Unsere moderne Lebenswelt konfrontiert uns mit der Frage „Warum soll gerade ich etwas dafür tun, die Welt zu verbessern?"

Der alte Heilschatz der Naturvölker

Wenden wir einen Blick zu unseren Naturvölkern, so liegt oft dort eine große Wahrheit und eine große Weisheit. Die meisten Naturvölker wissen außergewöhnlich gut um ihre Umwelt bescheid. Ich sprach mit den Barfußärzten in China, ich sprach mit den Schamanen in Nepal, ich war unterwegs mit den Naturheilern in Zimbabwe in Afrika sowie auch im westlichen Teil Afrikas im Benin. Überall dort, kann man die gleiche Essenz finden. Alles, Menschen, Tiere, Pflanzen, Felsen, sind von einem Geist erfüllt und miteinander verbunden. Die Naturvölker haben eine ganzheitliche Lebensauffassung und sind quasi mit ihrem Land, ihrer Erde verwoben. Es ist unverzichtbar für die Erfüllung ihrer psychischen, emotionalen und spirituellen Bedürfnisse und bildet das Grundgestein auf dem ihre Identität gebaut ist.

Ich besuchte die Ureinwohner in Malaysien, den Orang Asli's, weit weg von jeder Zivilisation, ich musste ein Tag mit dem Einbaum durch den Dschungel fahren, um diese Ureinwohner zu treffen, die zu dieser Zeit noch in der Tradition ihrer Vorväter/Ahnen lebten. Auch hier gab es keine Trennung zwischen dem Selbst und ihrer Umwelt. „Wir lieben unseren Wald, unser Wasser, wir lieben aber auch die Sonne und den Mond wie unseren eigenen Körper, daraus gewinnen wir unsere Kraft..."

So antwortet mir die Schamanin Shantu, mit der ich nördlich von Kathmandu Familien in den Bergdörfern besuchte, um die Häuser zu reinigen. Der Brauch ist, wenn jemand gestorben ist, dass das Haus gereinigt wird von schlechten Energien, um einem Neugeborenen die besten Startmöglichkeiten zu geben.

Schamanen sind üblicherweise Männer und Frauen, die Spezialisten auf dem Gebiet der Kommunikation mit der natürlichen und der übernatürlichen Welt sind. Sie haben eine gesteigerte Wahrnehmung dem Göttlichen und dem Immateriellen. Im Jahre 2008 war ich eingeladen auf einem Kongress in Kathmandu (Nepal) zu sprechen, über Netzwerke, die ich in einem Wirtschaftsunternehmen zur Hilfe von Kollegen in Krisen aufgebaut habe. Dabei habe ich mehrere Schamanen kennengelernt, die über ihre Arbeit sprachen und ihre Arbeit vorgeführt haben.

Viele von ihnen benutzen Halluzinogene, die sie aus Baumrinden, Blättern, Blumen, Kakteen oder Pilzen gewinnen. Sie helfen ihnen in einen erweiterten, veränderten Bewusstseinszustand zu gelangen, in dem sie dann mit den Geistern kommunizieren und die Ursache zum Beispiel für die Krankheit ihres Patienten erkennen können. Sie haben verschiedene Rollen, so sind sie Heiler, Hüter ihrer Stammesrituale, Kosmologen und Traumdeuter in einer Person. In Benin habe ich in einer Heilzeremonie erfahren, wie ein Schamane einen Mensch, der von Geistern beseelt schien, durch seine eigenen Heilrituale befähigt war, diese Geister zu vertreiben und auch ganze Gemeinschaften zu heilen, wenn sie erkrankt waren.

Natürlich ist es für uns in der westlichen Betrachtungsform oftmals schwierig. Lassen wir uns aber in das Geschehen ein ohne zu beurteilen, ohne zu bewerten, sondern trauen einfach dem Fluss und trauen dem Ergebnis und trauen uralten Traditionen, so werden wir auch dieser Behandlungsform gegenüber neugieriger und offener.

Ich selbst habe ein schamanisches Ritual in Kathmandu erlebt, da ich an einem schweren Bandscheibenvorfall litt und mich einer Operation unterziehen musste. Der Geschmack und der Geruch fielen aus; mein linkes Bein blockierte. Allein dieses Ritual und die Aussage danach verhalfen mir zu einer neuen Lebensform.

In der Schamanensprache bedeutet „wohlergehen" nicht nur die Abwesenheit von Krankheit, sondern ein dauerhafter Zustand von emotionaler körperlicher und geistiger Harmonie. Wir wissen heute aus der japanische Betriebsphilosophie je stärker das Wir-Gefühl ist, je stärker wir im Team arbeiten können, je mehr unser soziales Verständnis füreinander ausgeprägt ist, je stärker ist der Erfolg und je dauerhafter ist die Freude an dem Erfolg. Auch die Naturvölker sind auf das harmonische Gefühl des Verbunden seins mit anderen Menschen und mit der Welt, so glauben sie angewiesen, um gesund zu bleiben.

Richard David Precht der Autor des Buches „Die Kunst keine Egoist zu sein" stellt sieben Wege zusammen, die zum Ziel führen.

1. **In jeder Situation neu entscheiden**

   Tugenden existieren nicht im luftleeren Raum. Ihre Bedeutung liegt im Zwischenmenschlichen. So sind wir gezwungen in jeder Lebenssituation neu abzuwägen, was moralisch betrachtet das Beste ist.

2. **Die Balance finden**

   Ein durch und durch tugendhaftes Leben ist so langweilig wie ein durch und durch lasterhaftes Leben öde ist. Der Reiz von gut und böse entsteht aus dem Spannungsverhältnis. Deshalb ist ein gutes Leben der Versuch, (s)eine Balance zu finden, was auch diesem Buchtitel entspricht.

3. **Das eigene Verhalten hinterfragen**

   Als soziale Tiere, die Horden bilden, haben Menschen uralte, soziale Reflexe des Schwarmverhaltens. Sie helfen uns bei der Orientierung im Alltag. Aber sie manipulieren auch unser Sozialverhalten. Nur wenn wir unser Verhalten kritisch reflektieren, können wir uns davor schützen. Unterstützungen finden wir hier bei zugelassenen Psychotherapeuten oder Coaches.

4. Den Aufwärtsvergleich wagen

Wenn es um Erfolg geht, messen wir uns an Vorbildern, wenn es um Moral geht, neigen wir zum Abwärtsvergleich. Er dient der moralischen Entlastung: warum soll ich gut sein, wenn andere es auch nicht sind? Wer den Aufwärtsvergleich wagt, lernt, sich verantwortlich zu fühlen.

5. Über sich selbst nachdenken

US-Psychologen stellten Probanden die Frage, wie oft denken sie am Tag über sich nach? 92 % dachten nie über sich nach. Und wer das nicht tut, kann sich auch nie schuldig fühlen. Ein großes Problem für unser moralisches Handeln. Wohlgemerkt es geht hier nicht um Schuld und Sühne, sondern es geht hier um eigenverantwortliches moralisches Handeln.

6. Auf das Gewissen hören

Verdrängen erspart uns schlechte Laune. Das gute Gewissen ist aber eine notwendige Erfindung. Wir sollten uns nicht fragen, ob wir uns unser Gewissen schön trinken dürfen, sonder nur: in welchem Ausmaß und unter welchen Umständen?

7. Sich selbst schätzen lernen

Aristoteles empfahl, man solle mit sich selbst befreundet sein. Denn wer sich auch für andere nachvollziehbare Gründe selbst schätzt, hat beste Voraussetzungen für ein gutes Leben: sich selbst gegenüber und gegenüber anderen. Ein bisschen Wohlstand und ein wenig Einfluss dürfen dabei nicht schaden.

Kinderprojekt Süd China

Wenn sich der Körper beschwert
ist es Zeit zu handeln.

Nehmen wir die vorausgegangenen Gedanken von Jane Goodall, Arthur Schoppenhauer, den Naturheilern aus Kathmandu sowie Kulturvölkern und auch die Anregungen von Richard David Precht mit in diesen Abschnitt. Ich bin seit 40 Jahren in einem Wirtschaftsunternehmen beschäftigt und seit 20 Jahren in der Krisenberatung von Führungskräften und Mitarbeitern tätig.

Dabei sind es meist nicht die ganz großen Probleme die Menschen oft stören, sondern es sind oft die alltäglichen kleinen Ärgernisse, die sich in vielen Branchen ähneln und oftmals die innere Kündigung provozieren. Menschen tappen immer häufiger in die sogenannten „Frustfallen" und beklagen körperliche Leiden.

Wenn sich der Körper beschwert, ist es Zeit zu handeln.
Ob wir Menschen uns in einem seelischen Tief befinden, eine Depression durchleiden, ob Menschen sich ausgebrannt

fühlen von den verschiedensten Anforderungen, die an sie privat und beruflich gestellt werden, oder ob es auch die inneren Antreiber sind, die uns in dem ständigen Hamsterrad nicht still stehen lassen. Wir kommen immer an denselben Punkt zurück. „Wenn sich der Körper beschwert, ist es Zeit zu handeln."

Eine Klientin berichtete mir nach einer langen Sitzungsreihe, „erst seit dem ich meinem Körper zuhöre, geht es mir besser. Mein Körper ist schlau, er gibt mir direkte Zeichen. Ich brauche Schlaf, Ich will Grünes, bewege mich, ich brauche frische Luft... und wenn ich diese Zeichen achte, merke ich geht es mir besser."

Trotzdem hatte ich vor einiger Zeit ein entzündetes Auge. Ich musste verschiedene Tropfen nehmen und sah aus, als hätte ich wochenlang ins Feuer geschaut. Ein Gespräch mit einer Freundin gab die Botschaft – was willst Du denn nicht mehr sehen? Ich will alles sehen, deshalb war ich ja beim Augenarzt und habe sogar bei einem zweiten Arzt eine Meinung einholt. Schwierig ist es, wenn man einem Kranken unterstellt sie haben etwas falsch gemacht und ihn in Schuldgefühle führen.

Wichtiger ist es heraushören, welche Lösungswege es gibt. Eine Klientin berichtete „früher, als ich noch jung war, hatte ich eigentlich gar keinen Körper. Ich war Körper. Unterwegs aufgeladen unter Limit. Durch das Studium vergessen zu essen, habe von Kaffee, Rotwein und Knäckebrot gelebt. Das war schick. Und ging auch eine ganze Weile gut. Ich habe erst über meine erste Schwangerschaft gelernt, was mein Körper mir alles entgegen bringt. Er war plötzlich neu zu spüren, da gab es ungeahnte körperliche Ereignisse. Ich lernte nicht nur den Ischias kennen und den Magen mit seinen Befindlichkeiten. Auch das Herz machte auf sich aufmerksam. Damals begann ich langsam den Dialog mit meinem Körper zu führen."

Eine andere Klientin berichtete „dann kamen meine beiden Kinder im Abstand von zweieinhalb Jahren zur Welt. Kinderkörper sprechen sehr direkt zu ihren Müttern. Nie wäre ich auf die Idee gekommen, ihnen gute Nahrung, frische Luft, Anregung und Bewegung vorzuenthalten. Bei Schnupfen packte ich sie warm ein und gab ihnen Frisches, bei Fieber und Schmerzen gingen wir zum Arzt. Die Kleinen hatten es besser als ich. Sie hatten einen der auf sie achtet. Mich habe ich eher aus dem Blick verloren und mein netter Körper hat viel ausgehalten, sich eingerichtet im Leben, das ich ihm zugemutet habe."

Eine weitere Klientin berichtete „als ich vor einigen Jahren Brustkrebs bekam fand ich dies nicht nur schockierend und grauenhaft, sondern auch ungerecht. Wieso ich, was habe ich falsch gemacht, ich habe doch keine der bekannten Risikofaktoren, Übergewicht, Rauchen, Bewegungsarmut, wofür wurde ich so bestraft? Inzwischen weiß ich, diese Frage wird nie beantwortet werden. Weil sie falsch ist. Sie beruht auf dem Irrtum, das gesundsein so normal und kranksein unnormal ist. Das ist ein Anspruch auf Gesundheit gibt. Die Krankheit war eine klare Absage dieses herz- und gedankenlosen Konzepts. Ich habe erst mal alle Systeme auf Stopp gestellt. Ich habe mich überprüft, mein Leben, meine Vergangenheit, meine Gewohnheiten, meine Erwartungen. Ich habe gelernt schneller zu erkennen, was ich brauche und habe gelernt es mir auch zu geben."

In dem nachfolgenden Absatz gebe ich eine Übersicht, was Klienten im Notfall geholfen hat.

SOS bei Kränkungen

Dickes Fell hin oder her. Manchmal haut uns eine falsche Bemerkung einfach um oder trifft uns der Satz eines geliebten Menschen tief in der Seele. Wie können wir unsere verletzten Seelen heilen?

1. Erlauben Sie sich verletzt zu sein, aber nur kurz. Dann spüren Sie dem Gefühl nach. Machen Sie sich Gedanken dazu und geben Sie dem Gefühl ein Wort. Ich bin traurig oder ich bin hilflos oder ich bin enttäuscht. Das ist okay. Verharren Sie ein paar Augenblicke in der Situation. Lassen Sie ihre Traurigkeit fließen. Weinen Sie bei bedarf. Konzentrieren Sie sich aber danach auf ihre Umgebung. Treffen Sie sich mit Freunden. Sprechen Sie darüber aber nicht ausschließlich. Finden Sie neue Themen. Spielen Sie ihre eigene Reporterin. Bleiben Sie in der Gegenwart, sie ist das beste Mittel gegen schmerzliche Kränkungen.
2. Machen Sie sich selbst Komplimente und zählen Sie ihre Stärken auf. Halten Sie sich vor Augen, am besten

in einem Spiegel was Sie können, was Sie stark macht, was Sie aufbaut, was Sie kraftvoll macht. Positive Gedanken helfen negative Botschaften zu übertönen. Folge: man fühlt sich besser und der Schmerz geht nach und nach verloren. Überrachen und verwirren Sie. Am besten mit überhören und drastischen Themenwechsel in Form von harmlosen Gegenfragen. Zum Beispiel man greift Sie an. Na ist „Ihre Leistung wieder besonders schlecht." Sie antworten: „Ist der neue Grieche bei ihnen an der Ecke eigentlich gut? Kann man dort hingehen?" Klingt verrückt, wirkt aber fast immer. Es gibt keine Regel, die besagt, dass Sie jedes Gespräch schlüssig fortfahren müssen.

3. Nutzen Sie den Wiederholungstrick gegen Gemeinheiten. Man sagt ihnen: „Ich habe ihnen jetzt schon das 2. Mal erklärt, ich könnte auch gerade mit der Tapete reden. Das macht keinen Unterschied." Sie antworten, „haben Sie mich eigentlich mit einer Tapete gleich gesetzt?" „Das ist als Scherz gemeint, aber es verletzt mich dennoch das sie offensichtlich so wenig von mir halten." Zusammenfassend zuspitzen und aussprechen, dass man sich verletzt fühlt, führt meist dazu, dass eine Aussage zurückgenommen wird.

Dieser Trick hilft dabei buchstäblich über den Dingen zu stehen. Stellen Sie sich vor, Sie blicken von einer hohen Loge auf eine Bühne, wo Sie und alle Beteiligten eine Rolle spielen. Meint er es wirklich böse? Welche Motive hat er? In welcher Situation befindet er sich gerade? Wie steht er selbst da? Vielleicht gar nicht so schlecht? Und wenn ja: kann ihnen das überhaupt schaden? Mit Abstand betrachtet, lassen sich größere Zusammenhänge viel klarer erkennen – alles wird automatisch kleiner, unwichtiger und dadurch weniger kränkend. Stellen Sie sich einfach vor Sie fliegen mit dem nächsten Flugzeug davon und schauen von oben auf die Situation. Geht es Ihnen nicht schon viel besser?

Frau Prof. Dr. Annelie-Keil schreibt „Leben ist ein fortwährender Prozess der Wandlung, unvorhersehbar und voller Überraschungen. Zwischen Chaos und Ordnung, Anpassung und Widerstand, Freiheit und Abhängigkeit sind wir ohne Navigator in der Fremde unterwegs".

Wenn der Körper sich beschwert, hat er seine Gründe. Oft braucht er nur ein bisschen Hilfe, um Schmerzen oder Unwohlsein aus eigener Kraft zu überwinden. In der Beratung sowie auch in dem persönlichen Erleben gibt es immer wieder Möglichkeiten selbst etwas zu tun. Also unseren eigenen inneren Doktor zu rate zu ziehen. Hier einige Krankheiten aus dem beruflichen Alltag und deren Betrachtungen.

Fahrradspende Schulprojekt Vietnam

Alltägliche Beschwerden und ihre Betrachtungen

1. Rückenschmerzen: Eines der verbreitetesten Schmerzen in den betrieblichen Alltagen. Schmerzen im Kreuz gehören ebenso wie Erkältungen zu den häufigsten Gründen warum Menschen ihren Hausarzt aufsuchen. Und meistens sind die Ursachen leicht zu benennen: Dauerstress, zu wenig Bewegung. In neun von zehn Fällen verschwinden die Beschwerden von selbst oder durch ein gezieltes Training. Aber es gibt auch ernste Ursachen, wie Osteoporose, Tumore, oder Störungen die gar nicht mit der Wirbelsäule zu tun haben, wie etwa Nieren- oder Leberkrankheiten.

Was schafft der Körper alleine? Bei Muskelverspannungen: nicht stundenlang sitzen sondern häufig aufstehen und immer wieder Lockerungsübungen machen. Ein bis zwei Mal die Woche (Rücken) Schwimmen, außerdem Bauch- und Rückenmuskeltraining im Fitnessstudio oder Gymnastikkurs üben. Wenn Stress die Ursache der Verspannungen ist nützen Entspannungstechniken, Joga und Meditation. Ich kann aus eigenem Ermessen sagen, dass ich nach 40 Jahren Berufstätigkeit plötzlich einen schweren Bandscheibenvorfall erlitten habe, die eine Operation nicht ausschließen konnte. Ich war links gelähmt und hatte zusätzlich noch einige neurologische Ausfälle.

Erst durch ein ganz gezieltes Rückentraining sowie Bauch- und Muskeltraining sind die Schmerzen einschätzbarer.

Ich hatte die 40 Jahre zuvor auch Sport getrieben, aber im Laufe des Alltags hat dieser Sport dem Körper nicht mehr gereicht. Der Körper hat reagiert. Ich habe ihm geantwortet.

Was hilft zusätzlich? Bei akuten Rückenschmerzen ein oder zwei Tage Schmerztabletten nehmen, dass stoppt den Teufelskreis aus Schmerz und immer neuer Verspannung.
Gut tun Rheumabäder aus der Apotheke oder einige Tropfen Thymian und Wacholderöl im heißen Badewasser. Eine Reflexzonenmassage löst Verspannungen. Wenn die Schmerzen so stark sind, dass die Hausmittel nicht mehr ausreichen, ist es besser einen Arzt zu konsultieren. Wenn die Schmerzen in die Beine ausstrahlen, Lähmungen und Taubheitsgefühle und Kribbeln in der Haut oder Störungen der

Blasen- und Darmfunktion auftreten, auf jeden Fall den Arzt oder das Krankenhaus aufsuchen. Siehe auch Rückentipps unter www.agr-ev.de.

2. Herzrasen: Mehr als einhundert Herzschläge pro Minute ohne körperliche Belastung sind zu viel. Wenn das Herz ständig so schnell pocht – das Klopfen ist oft regelrecht fühlbar – kann das unter anderem als Zeichen von Blutarmut, viel zu niedrigem Blutdruck oder einer Schilddrüsenüberfunktion sein. Es kann aber auch als Folge von zu viel Koffeinkonsum auftreten oder auf eine Angststörung hinweisen. Herzrasen ist außerdem eine verbreitete Begleiterscheinung der Wechseljahre.

Was schafft der Körper alleine? Ein angemessenes Ausdauertraining Walken, Schwimmen, Rad fahren, verlangsamt generell den Puls. Falls es erkennbar äußere Ursachen gibt, die sie unter Druck setzen, versuchen sie einen Gang herunter zu schalten. Sollte der Puls dauerhaft erhöht sein oder generell verlangsamt sein, fragen sie ihren Arzt.

Was hilft zusätzlich? Bei anfallsweisen Herzrasen ein großes Glas eiskaltes Wasser trinken. Denn das aktiviert den Vagusnerv, dessen Nervenfasern entlang der Speiseröhre verlaufen und der einen bremsenden Effekt auf den Herzschlag hat. Auch pressen, wie auf der Toilette oder absichtsloser Husten, stimuliert diesen Nerv wegen der plötzlichen Druckerhöhung im Brustraum und verringert das Pochen. Wenn der Puls dauerhaft von hundert Schlägen in der Minute schlägt und wenn gänzlich ohne körperliche Belastung oder Anstrengungen Episoden von Herzrasen auftreten, bitte sofort mit dem Arzt in Verbindung setzen.

3. Schwindel: Wenn sich alles um einen dreht, oder man sich wie ein schwankendes Schiff fühlt, kann das neben organischen auch psychische Gründe haben.
Bei Frauen zwischen dreißig und fünfzig ist Schwindel nicht selten eine spezielle Form der Angststörung. Sonst ist die Ursache häufig eine Störung im Gleichgewichtsorgan im Innenohr oder in bestimmten Arealen im Gehirn. Zum Beispiel Durchblutungsstörungen, Entzündungen, in seltenen Fällen auch Tumore.

Viele verstehen unter „Schwindel" aber auch nur eine Benommenheit oder ein kurzes schwarz werden vor Augen, das liegt häufig an einem zu niedrigen Blutdruck.

Was schafft unser Körper alleine? Wenn es am Blutdruck liegt hilft auf Dauer konsequentes Ausdauertraining (Walken, Radeln, Joggen). Wichtig: mindestens 1,5 bis 3,0 Liter am Tag trinken und beim Essen nicht mit Salz sparen, damit mehr Druck in den Blutgefäßen aufgebaut wird. Ein Rat zwischendurch, öfters mal Lakritze essen, denn die darin enthaltenen Süßholzwurzel steigert den Blutdruck. Auch Ginsterkraut ist bewährt, wenn der Druck öfter mal in den Keller geht. Bleiben die Dreh- oder Schwankgefühle dauern anhaltend sollten sie ihren Arzt in das Vertrauen ziehen.

4. Ständige Müdigkeit: Viele Frauen, gerade junge Mütter unterschätzen ihren Schlafbedarf – gut sieben Stunden pro Nacht sollte es schon sein. Es gibt aber auch viel körperliche und seelische Ursachen für ständige Müdigkeit und Antriebslosigkeit zum Beispiel Blutarmut durch Eisenmangel, Schilddrüsenunterfunktion oder eine sogenannte larvierte versteckte Depression.

Was schafft der Körper alleine? Drei mal pro Woche mindestens dreißig Minuten Sport treiben, nach dem Baden oder Duschen Arme und Beine so kalt wie möglich abduschen, höchstens einen 1/8 Liter Wein pro Tag genießen und nicht Rauchen. Am Besten vor 23 Uhr ins Bett gehen. Das ist das bewährte Hallo-Wach-Programm, wenn der Müdigkeit keine wirkliche Krankheit zu Grunde liegt.

Was hilft uns zusätzlich? Frauen mit starken Regelblutungen sollten auf ausreichend Eisen im Essen achten. Das meiste steckt in Fleisch, Vollkornprodukten und Hülsenfrüchten. Vitamin C verbessert die Eisenaufnahme auf pflanzliches Lebensmittel, Vegetarierinnen sollten zum Essen deshalb Orangensaft trinken. Auch wichtig Jod für die Bildung von Schilddrüsenhormonen. Jodreich sind Seefisch und Meeresfrüchte und gut sind auch Milchprodukte. Zum Würzen sollte man Jodsalz verwenden.

Wenn sich trotz genügend Schlaf die Müdigkeit nach zwei bis drei Wochen nicht gebessert hat und eine ungewollte

Gewichtszu- oder -abnahme entsteht, bitte unbedingt mit dem Arzt sprechen.

5. Kopfschmerzen: Sogenannte Spannungskopfschmerzen, die sich wie eine Klammer um den Kopf legen, kommen oft von zu viel Arbeit am Computer, innerer Anspannung und zu wenig Schlaf. Manchmal meldet sich der Schmerz oder leidet auch nach schönen Anstrengungen wie Sport oder Sex. Gefährliche Ursachen wie zum Beispiel Blutungen oder Verschlüsse der Gefäße, Hirnhautentzündungen, oder Tumore sind dagegen zum Glück selten.

Was schafft der Körper alleine: Den Kopf frei kriegen. Das heißt mindestens eine ¼ Stunde Pause, hinlegen oder wenigstens den Kopf am Schreibtisch auf die Unterarme legen, Augen schließen. Auch Augenübungen am Computer helfen uns den Kopfschmerz loszuwerden. Oder einen zügigen Spaziergang an der frischen Luft machen. Außerdem im Stehen Oberkörper nach oben hängen lassen und mit Körper locker in allen Richtungen baumeln.
Was hilft uns zusätzlich? Bei gelegentlichen Kopfschmerzen spricht nichts dagegen eine Schmerztablette zu nehmen. Wer

es lieber natürlich mag, Pfefferminzöl auf Stirn und Schläfe verreiben, löst die Spannungen im Kopf. Akkupressur hilft auch: mit beiden Daumen kräftig die Stellen drücken und massieren, wo die Augenbrauen über der Nase enden. Wunder wirkt ebenfalls auch ein heißes Fußbad, abends mit beruhigendem Lavendelöl, morgens mit belebendem Rosmarinöl.

Sollten sich die Kopfschmerzen länger als 24 Stunden bei Ihnen aufhalten, ungewohnt stark und ungewohnt häufig werden, Symptome von Taubheitsgefühlen ergeben, bitte unbedingt den Arzt konsultieren.

6. Asthma: Warum Entspannung Luft bringt. US-Studien zeigten vor kurzer Zeit in fünfzig Prozent der Fälle wird Asthma durch Stress und Angst ausgelöst. Ärzte raten zur Selbstheilung durch Entspannungstechniken. Wie zum Beispiel Joga, Tai Chi oder Qi-Gong. Sie erhöhen die Aktivität in den Frontallappen der linken Gehirnhälfte, die für eine gute Stimmung verantwortlich ist und die Selbstheilung ankurbelt. Folge: die Atemwege entkrampfen, die Luft kann besser zirkulieren.

7 Tinnitus: Wie Hypnose Stille schenkt. Ihren Tinnitus selbstständig zu regulieren lernten Probanten im Laufe einer belgischen Studie. Hierbei wurden sie durch Hypnose in einen Zustand versetzt. Nach Anleitung der Therapeuten konnten sie das Geräusch bildlich vor sich sehen und die Lautstärke des Tinnitus somit verändern. Nach fünfzehn Sitzungen in einem Trancezustand waren alle Studienteilnehmer zur Selbsthypnose fähig und konnten ihren Tinnitus modellieren.

8. Depressionen: Warum Berührungen heilen können. Berührungen, Streicheln, Hand auflegen – jeder Körperkontakt kann theoretisch den Zugang zu den Selbstheilungskräften aktivieren. Forscher der Harvard-Universität berichteten von folgendem Testergebnis in denen es nordamerikanischen Schamanen durch Hand auflegen gelungen ist, Gehirnregionen bei Depressiven anzukurbeln, in denen angstlösende und energiesteigernde Stoffe gebildet werden.

Ich möchte damit nicht zum Ausdruck geben, dass nicht auch eine medikamentöse und ärztliche Untersuchung vorausgehen sollte, dennoch möchte ich den Lesern Anregungen geben, wie man auch die eigenen Selbstheilungskräfte aktivieren kann und somit sich nicht ständig in einer Opferrolle – Krankheit und Gesundheit – zu sehen braucht.

Ich selbst habe vor vielen Jahren eine Reiki-Ausbildung absolviert und auch eine Aura-Ausbildung genossen, die mir und anderen heilsame Erfolge gebracht hat. Ich möchte über heilende Energie hierzu einige interessante Anregungen geben.

- Heilende Energien können Beschwerden lindern, die manchen Ärzten ein Rätsel sind. Immer häufiger erzielen Alternativmediziner mit der Heilkraft ihrer Hände beachtliche Erfolge.

Im Januar 2013 traf ich Herrn Sanil Chandran und Frau Sam Shakes aus London in Vakala Südindien. Sie sind Lehrer von der uralten japanischen Technik, um Stress zu reduzieren und zu entspannen. Die Idee dabei ist, die Lebensenergie (Chi) immer in der Balance zu halten. Wenn die Energie hoch ist, ist der Mensch widerstandsfähiger, glücklicher und gesund. Herr

Chandran lebt in Südindien und hat zu seinen Heilerfolgen mit Reiki mehrere Fernsehsendungen gemacht.

<u>Die wichtigsten Therapien für Sie hier als Überblick:</u>

Osteopathie

Wem hilft die Methode? Die Ursachen mancher Symptome bleiben auch in der High-Tech-Medizin verborgen, hier helfen Osteopathen weiter, die darin geschult sind minimale Veränderungen im Bewegungsapparat zu ertasten, Blockaden die nicht sichtbar gemacht werden können aufzulösen. Geeignet ist diese Methode für alle Beschwerden des Bewegungsapparates.

Was passiert in dieser Behandlung? Durch behutsames Drücken, Ziehen und Kneten werden die zuvor ertasteten

Blockaden im Körper gelöst und die Selbstheilungskräfte angeregt.

Eine Studie der Akademie für Osteopathie zeigt 70 % der Patienten mit Schulterschmerzen nach nur vier Behandlungen beschwerdefrei waren. Bei Rücken- und Knieproblemen erzielte die Osteopathie nachweislich große Heilungserfolge. Kosten und Adressen zwischen fünfzig und hundertzehn Euro für fünfundvierzig Minuten siehe mehr unter www.osteopathie.de.

Craniosacrale-Therapie:

Wem hilft die Methode? Die Verbindung zwischen Rückenmark und Schädel ist die Craniosacrale-Ebene, die das Gehirnwasser rhythmisch pulsiert. In dieser Rhythmik gestört, kann das Verspannung, Kopfschmerzen und Gelenkbeschwerden zur Folge haben. Auch nach Kopf- oder Wirbelsäulenverletzung soll die Behandlung Beschwerden lindern.

Was passiert bei der Behandlung? Die Therapeuten spüren die Störungen in der Hirnwasserströmung auf und versuchen dann, sie mit Hilfe spezieller Drucktechnik am Schädel- und Kreuzbein zu beheben.

Kosten und Adressen: Für fünfundvierzig bis fünfundsiebzig Minuten zahlt man zwischen fünfzig und fünfundsiebzig Euro. Weitere Informationen erhalten sie unter www.therapeuten.de.

Akupressur

Wem hilft die Methode? Akupressur ist die manuelle Form der Akupunktur. Die Massage der entsprechenden Akupressurpunkte soll Stress abbauen und Kopf-, Bauch-, Schulter- und Nackenschmerzen lindern.

Was passiert bei der Behandlung? Der Therapeut arbeitet mit den Fingerkuppen oder auch mit den Fingernägeln und drückt mit kreisenden Bewegungen bestimmte Ariale rund um Akupunktur- und Schmerzpunkte.

Kräftiger Druck soll beruhigen, zarte Handgriffe stimulieren und mittelstarke Handgriffe kräftigen. An entzündeten Hautstellen sollte die Akupressur nicht ausgeführt werden.

Kosten und Adressen: Eine Behandlung kostet je nach Aufwand zwischen dreißig und siebzig Euro. Adressen finden sie unter www.therpeuten.de.

Atlastherapie

Wem hilft diese Methode? Im Gebiet des ersten Halswirbels (Altas) werden Muskeln und Sehnen der Halswirbelsäule mit Nerven versorgt. Mit der Atlastherapie sollen sich über die Nackennerven nahe dem Gehirn zentrale Körperfunktionen wie Muskelverspannungen und Schmerzverarbeitung positiv beeinflussen. Die Atlastherapie lindert so akute und chronische Schmerzzustände.

Was passiert bei der Behandlung? Der Arzt setzt mit seinem Mittelfinger kurze und sanfte Impulse, die über die Seitfortsätze des Atlas auf den jeweiligen Nackennerven übertragen werden, wodurch ein anderes Wahrnehmungsmuster im Gehirn des Patienten entsteht.

Kosten und Adressen: Ab zwanzig Euro pro Sitzung. Informationen www.gbzk.de.

Rolfing

Wem nützt die Methode? Rolfing kann dabei helfen belastende Bewegungsmuster durch Schonende zu ersetzen mit dem Ziel körperliche Beschwerden zu lindern. Für jeden Menschen gibt es eine optimale Haltung, die durch Rolfing gefunden werden kann. Rücken- und Kopfschmerzen sowie Arthrose können so gelindert werden.

Was passiert bei der Behandlung? Die Theorie: Dauernder Stress beeinflusst die Struktur des Bindegewebes, sodass sich die Fasern verkürzen, was sich negativ auf die Körperstatik auswirkt. Bei Rolfing-Massage sollen verklebte

Bindegewebsschichten gelöst, Verkürzungen im Gewebe gedehnt und verhärtete Stellen geschmeidig gemacht werden.

Kosten und Adressen: Eine Sitzung kann ab achtzig Euro Kosten, insgesamt gibt es einen Sitzungsturnus von zehn Sitzungen. Nähere Infos siehe www.therapeuten.de.

Fussreflexzonen-Massage

Wem hilft diese Methode? In den Reflexzonen der Füße spiegeln sich alle Körperteile wieder. Werden diese Zonen gezielt massiert, lassen sich die entsprechenden Körperregionen positiv beeinflussen. So kann fast jedes Symptom behandelt werden.

Was passiert bei der Behandlung? In der Reflexzonen-Therapie wird mit der Massage immer der ganze Körper behandelt, auch wenn nur einzelne Organe Beschwerden bereiten. Stets muss zu dem der ganze Fuß untersucht werden, um alle Störzonen zu finden.

Kosten und Adressen: Dauer fünfundvierzig Minuten, etwa dreißig bis fünfzig Euro. Infos unter www.therapeutenfinder.de.

Eine abschließende Beurteilung dazu. Ich selbst habe in Thailand in einem Kloster in Bangkok die Fußreflexzonenmassage gelernt und somit an mir und an anderen Menschen ausprobiert.

Ich kann nur von einem vollen Erfolg sprechen, denn wenn man sich schlau macht über die einzelnen Regionen und über die einzelnen Störungsbilder, die über die Fußreflexzonenmassage in ein Gleichgewicht gebracht werden können, ist man von dem Erfolg nahe zu hundert Prozent überzeugt.

Ungeachtet dessen sollten jedoch länger anhaltende Beschwerden von ihrem Arzt untersucht und behandelt werden.

Dieser Einblick in die Alternativmethoden, die in der Regel mehr als sechstausend Jahre alt sind, so die Barfussärzte in China mir berichteten, geben dem Patienten zusätzlich eine Chance seine Selbstheilungskräfte zu aktivieren und seinen eigenen Anteil an der Genesung beizutragen.

Ich möchte Ihnen aber noch einen kleinen Ausblick in die Klostermedizin und deren Kräuterheilkunde machen, da es sich hier ebenfalls um ein Jahrhundert altes Wissen handelt. Durchaus ist hier zu erwähnen, dass die westliche Medizin hohe Anerkennung verdient, wie zum Beispiel in der High-Tech-Medizin Forschung und Prävention.

Schröpfen in Nepal

Das Prinzip der Selbstheilung
Die Klostermedizin und ihre Erfolge

Rosenblüten lösen Spannungsschmerz

Welches Kraut hilft: In der Antike wurde die Rose als Arzneipflanze verehrt. Damit überbrühten Kräuterkundige bei Kopfschmerzen einen Tee aus Rosenblüten auf. Doch im Lauf der Jahre geriet die Heilkraft der Rose in Vergessenheit. Jetzt haben sich Naturmediziner mit alten Rezepturen beschäftigt und sind dabei auf diese alte Hausmittel gestoßen.

Rezept: 1 Liter frische oder getrocknete Rosenblüten in 1 Tasse heißes Wasser geben, 10 Minuten ziehen lassen, 3 Mal täglich eine Tasse trinken.

Aromakompresse nimmt den Druck

Zur Zeit der Ernte litten früher viele Landarbeiter abends unter heftigen Kopfschmerzen, da sie den ganzen Tag der Sonne ausgesetzt waren. Zur Schmerzlinderung hat man damals kalte Kompressen aufgelegt.

Rezept: Je 5 Tropfen Lavendel oder Majoranöl in ein Becken mit kaltem Wasser geben. 2 Waschlappen eintauchen – ausdrücken. Einen auf die Stirn, den anderen auf den Nacken legen. 20 Minuten ruhen. Lavendel fördert den Schlaf, Majoran entspannt die Muskulatur und Gefäße. Miteinander kombiniert lindern beide den Schmerz und senken den Blutdruck.

Herzgespann stoppt Herzjagen.

Herzgespann ist eines der wirksamsten Mittel aus der Klostermedizin. Denn alle Teile der Pflanze verbessern die Blutversorgung des Herzmuskels, beruhigen das Herzstolpern.

Rezept: 1 Teelöffel der Heilpflanze (in der Apotheke erhältlich) mit 1 Tasse Kochwasser übergießen, 10 Minuten ziehen lassen, abseihen. 4 Wochen morgens und nachmittags 1 Tasse davon trinken. Wichtig – Vorsicht bei niedrigem Blutdruck oder zu hohen Kaliumwerten.

Rot–Öl lindert Muskelverspannungen

In alten Aufzeichnungen hat man entdeckt, dass griechische Ärzte bereits vor zweitausend Jahren Johanniskraut bei Rückenleiden eingesetzt haben. Als man die alten Rezepturen überprüfte zeigte sich eine überraschende gute Wirkung. In einer Bonner Studie nachgewiesen, das 86 % Patienten mit chronischen Rückenschmerzen von einer Johanniskrauttherapie profitierten.

Rezept: 25 Gramm Johanniskraut (in der Apotheke erhältlich) mit 500 Milliliter Olivenöl aufgießen. 6 Wochen in einer durchsichtigen Flasche auf der Fensterbank lagern. Rot-Öl dann durch ein Leinentuch absieben. Bei Muskelverspannungen auf die brennende Stelle reibe. Übrigens wirkt Rot-Öl auch bei Prellungen und Verspannungen.

Heublume fördern die Durchblutung

Ein Heublumensack (in der Apotheke erhältlich) wirkt bei akutem Schmerz besser als jeder Wärmflasche, das wusste schon Herr Pfarrer Kneipp. Kissen in Wasserdampf erhitzen, anfeuchten, abkühlen lassen auf die schmerzende Stelle legen. Durch die feuchte Hitze und in den Blüten enthaltenes Cumarin wird die Durchblutung gefördert. Die entspannt die Muskulatur und lindert die Schmerzen.

Wichtig: nicht bei offenen Verletzungen und akuten Entzündungen verwenden.

Mohn hilft beim Durchschlafen

Mohn führt, wenn man ihn isst, den Schlaf herbei und verhindert Juckreiz. So beschrieb es Hildegard von Bingen in seiner Heilwirkung.

Rezept: 1 gehäuften Esslöffel getrocknete Klattschmohnblüten und 1 halben Esslöffel Kamillenblüten (in der Apotheke erhältlich) werden mit ¼ Liter kochendem Wasser übergossen und nach zirka 10 Minuten abgeseiht. Mit Honig süßen.

Hopfen beruhigt die Nerven

Konnten die Mönche früher nicht einschlafen, half ein folgendes Gebräu aus Hopfen.

Rezept: Für eine Person, 2 Teelöffel Hopfenblüten mit einem ½ Liter heißen Wasser übergießen, 15 Minuten ziehen lassen, abseihen. Der Tee beruhigt die Nerven und sorgt für tiefen, ruhigen Schlaf. Den entspannenden Effekt nutzt man in der Landhausküche. 50 Gramm Hopfenblüten mit 4 Frühlingszwiebeln und 200 g getrockneten Tomaten zirka 10 Minuten in Öl dünsten, würzen mit frischem Brot genießen.

Buchweizen verbessert die Durchblutung

Buchweizen galt bei den Landfrauen der Steiermark als Wunderkraft für Körper und Gehirn. Jetzt haben Naturmediziner seine durchblutungsfördernde und gefäßstärkende Wirkung bestätigt.

Rezept: 1 Teelöffel Buchweizenkraut (in der Apotheke erhältlich) auf 1 Teelöffel kochendes Wasser, 10 Minuten ziehen lassen, täglich 3 Tassen trinken.

Der Rohwirkstoff Rotin wirkt gefäßabdichtend, verbessert den Blutfluss in den Venen und beugt Krampfadern vor. Wickel bekämpfen Entzündungen, Quark wirkt abschwellend, entzündungshemmend, schmerzlindernd und kühlend. Das weiß man auf dem Lande seit uralter Zeit zu schätzen. Bei Entzündungen der Krampfadern, aber auch bei Blutergüssen, Sonnenbrand und Arthrose (Gelenkverschleiß) sorgen Quarkwickel für rasche Linderung.

Rezept: Mullkompresse fingerdick mit kühlem Magerquark bestreichen, bis zu 20 Minuten auf die betroffene Stelle legen. Bei akuten Entzündungen sollte der Wickel ungefähr 15 Minuten aufliegen. Ansonsten kann der Wickel auf der Haut bleiben bis er trocken geworden ist. Wichtig ist das die Feuchtigkeit verdunsten kann, das sofort sorgt für heilende Wirkung.

Kräuterbäder senken den Druck.

Schon Pfarrer Kneipp setzt auf diese Heilkraft der Bäder.
Rezept: Je 1 Esslöffel Melissenkraut, Lavendel und Hopfenblüten (alle in der Apotheke erhältlich) mit 1 Liter

Kochwasser übergießen, abdecken, nach 20 Minuten in das Badewasser abseihen.

Wichtig: Die Wanne nur bis Nabelhöhe füllen, 2 - 3 Mal wöchentlich je 20 Minuten baden.

Mispel stabilisiert den Kreislauf

Die Mispel hat in der Medizingeschichte eine lange Tradition. Schon die keltischen Troiden sprachen ihr magische Kräfte zu. Bis heute gibt es 95 klinische Studien, die die Wirkung der Mispel bestätigen.

Rezept: 1 - 2 Teelöffel Mispelzweig (in der Apotheke erhältlich) mit 1 Tasse kochendem Wasser aufgießen, 10 - 15 Minuten ziehen lassen. Tagesdosis: 3 täglich je nach Bedarf.

Ingwer hilft gegen Übelkeit

Schon Konfuzius würzte seine Speisen mit Ingwer. Seit kurzem wird Ingwer in Deutschland als Heilpflanze anerkannt.

Rezept: Ein daumengroßes Stück Ingwerwurzel klein schneiden mit 1,5 Liter heißem Wasser auffüllen.

Kamille beruhigt den Magen

Kamille war schon im alten Ägypten ein Universalheilmittel. Heute belegen Studien ihre Wirksamkeit bei Magen-Darm-Problemen und Schleimhautentzündungen.

Rezept: 2 Teelöffel getrocknete Blüten (in der Apotheke erhältlich) mit 200 ml kochendem Wasser übergießen. 10 Minuten ziehen lassen. 3 Mal täglich 1 - 2 Tassen. Wichtig: Wenn der Tee zu lange zieht kann es zu Schleimhautreizungen kommen, Achtung bei der Zeitbemessung.

Indischer Flohsamen hilft gegen Durchfall

Die winzigen Samen waren fast schon in Vergessenheit geraten. Dabei wirken sie hoch effektiv. Sie quellen im Darm auf und binden Flüssigkeit.

Rezept: 5 Gramm indische Flohsamenschalen (in der Apotheke erhältlich) in Wasser rühren und vor dem Essen trinken. Wichtig: Ein ¼ Liter Wasser nach trinken.

Gewürzträgerin Newar - Frau in Nepal

Die Heilkraft der Gewürze

Wir alle kennen die Heilkraft der Gewürze. Alfons Schuhbeck hat dazu das bekannte Buch geschrieben „Meine Küche der Gewürze" und weißt dort noch mal speziell auch auf die asiatischen Gewürze hin, die wir auch aus der ayurvedischen Ernährung kennen. So zum Beispiel

Korkuma Bestandteil sämtlicher Arten von Currypulver ist. Harmuniert mit kohlenhydratigen Lebensmitteln dient es in der Gesundheit weithin für die Senkung der Blutfettwerte.

Wasabi als traditionelles Scharfgewürz der japanischen Sushi- und Sashimi-Küche. Neben

Meerrettich ähnlichem Geschmack weißt es auf eine kräuterfrische grasige Note auf. Gesundheitstipp: enthält Substanzen die stark antibakterielle Eigenschaften haben.

Galant Frischer Galant würzt thailändische rote und grüne Currypaste. Getrocknete Galantscheiben vor dem Gebrauch 30 min. einweichen. Verleiht Suppen, Soßen, Fonds eine besondere pfeffrige Note. Gesundheit: scharf, Stoffe regen die Durchblutung an und wirken entzündungshemmend.

Schwarzkümmel harmoniert besonders gut mit stärkehaltigen Lebensmitteln. Es lohnt sich einmal Bratkartoffeln oder Kartoffelgratin zu bestreuen. Gesundheit: Studien geben Hinweise darauf, dass Schwarzkümmel das Immunsystem positiv beeinflusst.

Sternanis Stark würzend in der europäischen Küche eher sparsam verwendet. Verleiht Glühwein, Punsch und weihnachtlichem Gebäck eine exotische Note. Gesundheit: Antibakteriell, bei Infektionen der oberen Luftwege, wirkt schleimlösend.

Zitronenmelisse traditionelles Küchenkraut vor allem für Desserts, eignet sich als Beigabe für Rezepte mit Früchten: Gesundheit: Stärkt die Nerven, eignet sich als krampflösendes

Mittel bei vegetativem Magen-Darm-Beschwerden –
Reizmagen.

Schnittlauch Unbedingt frisch verwendet, gute Qualität, erkennt man an prallem, grasgrünem Stengeln. Sorgt für dezentrales Zwiebelaroma in Fleischbrühen, Gemüse und Eierspeisen. Enthält Vitamin C, A, B2. Mineralstoffe wie Magnesium, Kalium, Kalzium, Phosphat und Eisen.

Knoblauch schmeckt nicht immer gleich. Nachhaltend und dominierend, wenn er frisch und roh an Speisen gegeben wird. Gesundheit: Antibakteriell, stärkt Herz-Kreislauf und Immunsystem, hilft Blutfett und Blutzuckerwerte zu senken.

Rosmarin Getrockneten Rosmarin mit den Fingern zerreiben und im Mörser zerstoßen. Frische Blätter fein hacken, köstliches Gericht mit Rosmarin gewürzte Bratkartoffeln. Gesundheit: stärkt und beruhigt die Nerven, fördert die Durchblutung und stabilisiert den Kreislauf.

Senfmehl hilft bei beginnenden Migräneanfallen so beschreibt es Hildegard von Bingen in ihren Rezepten.

Rezept: 4 Esslöffel schwarzes Senfmehl (in der Apotheke erhältlich) in eine Fußwanne geben, bei 38° warmen Wasser auffüllen. Füße 10 Minuten darin baden, nach 5 Minuten heißes Wasser nachfüllen. Füße und Waden lauwarm abspülen, mit Körperöl einreiben, Wollsocken anziehen. Effekt, fördert die Durchblutung in den Beinen, der Blutstau im Kopf wird nach und nach unten geleitet.

Zwiebel Lassen Sie mich an dieser Stelle noch einen kleinen Exkurs mit ihnen nach Ägypten wagen.

Als ich vor 2 Jahren mit den Naturheilern in Ägypten war kam immer wieder Rede auf die Heilkraft der Zwiebel. Wann genau der Mensch die Zwiebel als Nahrungs- und Heilquelle entdeckte weiß niemand genau. Die Wandmalungen im alten Ägypten bezeugen, dass sie bereits bekannt waren, über eintausend Jahre bevor die Pyramiden von Gizeh erbaut wurden.

Somit zählt die Zwiebel als eine der ältesten Gewürzpflanzen der Welt. Uralte Klosterapotheken nennen Zwiebel als göttliches Medikament gegen Atemwegsinfektionen, Gelenk- und Rückenbeschwerden, Rheuma und sogar bei der Wundversorgung. Tatsächlich wurden inzwischen all diese Wirkungen in Studien bewiesen. Als ich mit der Fingerkuppe irrtümlich in einen Ventilator kam, griff der Schamane aus Sri Lanka sofort zu einem Zwiebelessenz, die er mit einer Tinktur aus Alkohol und anderen Kräutern verband, um dann auf den pochenden Finger diese Essenz zu streichen. Der Effekt war ereignisreich. Das Pochen lies nach und die vermutete Blutvergiftung blieb aus.

Kaum ein altes deftiges Bauernrezept, für das keine Zwiebel verwendet wurde. Ist das ein Zufall? Zwiebel greifen massiv in den Fettstoffwechsel unseres Körpers ein, senken das schlechte Cholesterin, schützen die Zellwände und beugen Gefäßverschlüssen vor. „Es gibt wenig Lebensmittel, die unser Herz so gut vor Infarkten schützen" sagte Herr Professor Dr. Paul Kroon vom Institut of Food-Research in den USA.

Auf den Spuren Hildegard von Bingen

In ihren Werken weißt Hildegard von Bingen (1098 bis 1179) immer wieder daraufhin wie wichtig das Zusammenspiel von Körper und Seele ist. Eine maßvolle, geordnete Lebensführung war für sie die Grundlage, um im inneren Gleichgewicht und Harmonie zu bleiben. Sie betrachtete einen gesunden Tagesablauf unter diätischen Blickpunkten, der sich Arbeiten, Essen, Fasten, Ruhen, Schweigen, Reden und Schlafen zusammensetzt.

Nachfolgende Zeilen entsprechen dem Ur-Ton:
Zu dem Schwindel schreibt Hildegard von Bingen: Beschäftigt sich ein Mensch ohne den leitenden Einfluss einer Oberen und ohne jede Not lediglich nach seinem Willen, häufig mit vielen, verschiedenen Gedanken, dann nimmt er seinen Säften den rechten Weg, sodass er einmal in seinem Tun überstürzt dann wieder träge und ohne rechte Ordnung ist. Dadurch wird das Haupt zum Schwindel verdreht, sodass sein Wissen und sein Gefühl verschwinden... Über den Wein schreibt sie ... wenn auf einem Boden, der für Getreide fruchtbar ist, Wein wächst, so ist dieser für Kranke Leute bekömmlicher, wie ein Wein, der

auf obstbringendem Boden wächst, also auf solchem der nur mäßig Getreide bringt, auch wenn solcher Wein schätzenswerter ist, wie jener.

Wenn denn der Wein heilt und erfreut den Menschen mit seiner gesunden Wärme und seiner großen Kraft. Der Wein ist nämlich das Blut der Erde und ist in der Erde wie das Blut im Menschen und hat eine Art von Gemeinschaft mit dem Blut des Menschen, befördert deshalb seine Wärme wie ein mit größter Geschwindigkeit sich drehendes Rad, aus der Blase zum Mark hin und versetzt dies in gewaltige Hitze, sodass nun das selbe Mark dem Blut die Glut des Lustverlangens zu Teil werden lässt.

Deshalb soll ein Mensch, der seinen guten, starken Wein trinken will, diesen mit Wasser vermischen, damit seine Kraft und Wärme etwas vermindert und gemäßigt wird. Auch dem Wein, den man Hunsrücker nennt, soll man einen Zusatz von Wasser geben, bis das Wasser die ihm eigenen Erdigkeit und Säure erträglich macht und mildert, weil ebenso, wie das Blut trocken ist und nicht fließt, ohne die Feuchtigkeit des Wasser, auch der Wein, ohne Zusatz von Wasser getrunken, den Mensch austrocknet und schädigt...

Soweit die Ausführungen von Herrn Schipperges: Die Welt der Hildegard von Bingen.

Benediktinerin im Weinbau / Kloster Eibingen

Heilen mit Wasser und Salz

Schon vor sechstausend Jahren wurde in Indien die heilende Kraft von Kristallsalzen entdeckt. Der hohe Anteil an Spurenelementen und Mineralien macht das weiße Gold zu einem effektiven Mittel gegen Entzündungen, Schmerzen und Erkältungssymptomen.

Kristallsalze in Reformhäusern oder Apotheken erhältlich entstehen unter hohem Druck, ihre Inhaltsstoffe haben deshalb Strukturen, die vom Körper besonders gut aufgenommen werden können. Richtig angewendet, machen sie sogar Medikamente aus der Hausapotheke überflüssig.
Auf meinen vielen Reisen durch Indien habe ich nach den verschiedenen Wirkungen der Salze gefragt und mir wurden immer wieder von den heilenden Ayurveda-Ärzten sowie auch von den Salzärzten folgende Informationen gegeben:

Hilfe bei Kopfschmerzen – es dröhnt hinter der Stirn, aber Sie wollen nicht gleich zu Schmerztabletten greifen. Stirnkompresen mit Solelösungen lindern den Druck im Kopf.

So funktioniert es: Tauchen Sie ein Taschen- oder Gästehandtuch in 5%ige Solelösung – 5 Gramm Salz in 100 ml kaltem Wasser auf – und geben Sie diese auf die Stirn. Erneuern Sie die Kompresse alle 3 – 5 Minuten, zusätzlich können Sie sich Solekompressen in den Nacken legen.

Verspannungen

Die tägliche Arbeit am Schreibtisch im Büro kann zu schmerzhaften Verspannungen im Nacken- und Rückenbereich führen. Eine Handtuchrolle mit heißer Sole löst Muskelverhärtungen wieder auf.

So funktioniert es: Falten Sie 4 Handtücher einmal zusammen, alle 4 anschließend so zusammenrollen, dass einen Art Trichter entsteht. Füllen Sie 1 Liter heiße 1%ige Sole (10 Gramm Salz auf 1 Liter Wasser) in den Trichter und wringen die Tücher gut aus. Legen Sie die Handtücher übereinander auf die schmerzhafte Stelle. Tuch für Tuch langsam nacheinander entfernen, immer dann, wenn das Oberste abgekühlt ist.

Schnupfen lindern

Die sanfte Alternative zu Antihistaminika sind Salzspülungen. Auch bei gewöhnlichen Schnupfen sorgt eine Nasenspülung meist für Erleichterung. So funktioniert es: 1 g Kristallsalz mit 100 ml lauwarmen Wasser mischen oder Nasenspülsalz mit viel Hydrogencarbonat (in der Apotheke erhältlich) nehmen – es lässt die Schleimhäute schneller regenerieren und beugt Entzündungen vor. Mit Hilfe einer Nasendusche in Indien oder in einer deutschen Apotheke erhältlich – 1 Mal täglich beide Nasenlöcher spülen. Und keine Angst diese 1-%ige Salzlösung ähnelt der Körperflüssigkeit und brennt nicht auf den Schleimhäuten.

Völlegefühle

Stress und unregelmäßiges Essen schlägt oft auf den Magen. Eine sanfte Massage mit Salz – Fenchel – Öl bringt die Verdauung wieder in Schwung. So funktioniert es: Mischen Sie 1 Esslöffel Kristallsole mit 2 Esslöffel Sesam oder Mandelöl. Dazu geben Sie je 1 Tropfen ätherisches Fenchel-

und Anisöl. Mit der Mixtour in kreisförmigen Bewegungen den Bauch massieren. Danach ein in heißes Wasser getränktes Tuch auf den Bauch legen und 10 min. entspannen.

Mehr Information finden sie in ihrem Buchfachhandel und Heilen mit Wasser und Salz.

Dieser Ausflug in die Selbstheilungskräfte, aktiviert über natürliche Hilfsmittel, sollte Ihnen einen Einblick geben in die Möglichkeiten, die wir selbst haben, um unsere Balance zu finden. Der nachfolgende Absatz zeigt Ihnen die Vielfalt die unsere psychische Widerstandkraft erweitert. Wir sprechen hier von der Resilienz.

Ayurvedaklinik – Indien

Resilienz

Resilienz ist die psychische Widerstandskraft beziehungsweise die Fähigkeit, Krisen und Rückschläge unbeschadet zu überstehen und sogar gestärkt aus ihnen hervor zu gehen. Umgangssprachlich nennt man resiliente Menschen auch Steh-Auf-Menschen, Überlebenskünstler oder Glückskinder. Die Säulen der Resilienz heißen Optimismus, Akzeptanz, Verantwortung übernehmen, Lösungsorientierung, Opferrolle verlassen und Netzwerkorientierung. Resilienz

Am Bild des Bambus wird uns deutlich das wir in allen Lebenslagen uns den Situationen (dem Wetter) anpassen können. Aufgrund dieser Anpassung steigt unsere Resilienz.

Was bedeutet Optimismus? Optimismus bedeutet bewältigen Sie ihre Krisen, indem Sie daran glauben, dass Krisen zeitlich begrenzt sind und überwunden werden können.

Akzeptanz. Nehmen Sie schwierige Situationen an um weitere Schritte unternehmen zu können.

Verantwortung übernehmen. Haben Sie die Bereitschaft und Reife Ihre Verantwortung für das eigene Tun zu übernehmen ohne sich dabei zum Sündenbock zu machen.

Netzwerkorientierung. Bauen Sie sich ein stabiles soziales Umfeld auf und pflegen Sie es.

Lösungsorientierung. Optimismus und Akzeptanz führen zum nächsten Schritt. Was sind mögliche Lösungen für die gegenwärtige bedrohliche Situation? Wie gehe ich mit dem Stress um, der eine akute Krise begleitet?

Opferrolle verlassen. Kommen Sie raus aus der verführerischen Opferrolle. Besinnen Sie sich auf ihre Stärken.

Interpretieren Sie die Realität angemessen. Kommen Sie wieder auf ihre Füße.

Die 7 Schlüssel der Resilienz

🔑 Beobachten Sie ihre eigenen Gedanken. Unsere Gedanken sind dafür verantwortlich wie wir uns fühlen. Denken Sie daran, Sie sind Herr oder Frau ihrer eigenen Gedanken. Schreiben Sie sie gegebenenfalls auf und untersuchen Sie sie genau.

🔑 Denkfallen identifizieren
Hilfreiche Denkmuster herausfinden wie ich kann das, das macht mir Freude ich lerne daraus, ich bin daran gewachsen. Achten Sie auf ihre Denkfallen und wandeln Sie sie um in eine positive Idee.

🔑 Eisbergüberzeugung aufspüren
Denken, Handeln und Fühlen eines Menschen werden durch Vorstellungen wie sich Menschen zu verhalten haben beeinflusst. Unbewusste Beeinflussung wahrnehmen und auf ihre Gültigkeit hin überprüfen.

🗝️ Problemlösekompetenz trainieren

Situation realistisch einschätzen und Lösungswege finden.

🗝️ Katastrophendenken stoppen

Das heißt furchterregendes Wenn-Dann-Denken stoppen.
Einen konkreten Plan zur Krisenbewältigung machen.

🗝️ Beruhigen und Fokussieren

Finden Sie eine gute und wirkungsvolle Entspannungstechnik
für Sie selbst. Testen sie sie aus und setzen sie dann um.
Spaß und Regelmäßigkeit sind dabei ihre Lotzen.

🗝️ Resilienztechniken praktizieren

Denken Sie immer realistisch, resümieren Sie auf persönliche
und berufliche Situationen und kräftigen Sie ihre psychische
Widerstandskraft.

Selbst wenn uns in unserem beruflichen Alltag kleine Ärgernisse und auch große Kränkungen begleiten, unsere Leistungen nicht gewürdigt werden, neue Projekte immer wieder an den selben Themen hängen bleiben, es kaum Zeit für eigene Kreativität gibt, ständige Meetings in denen selten gute Ergebnisse erwirkt werden, oder auch die Selbstentscheidung keinen großen Stellenwert haben darf, lassen Sie sich von dem Außen nicht zu weit beengen, es gibt immer wieder Möglichkeiten sich eigene Zeitfenster zu blockieren, um sich selbst Gutes zu tun. Sei es auf der mentalen Ebene, sei es auf der körperlichen Ebene, immer wieder seinen Körper sowie seine Gefühle als auch seine Bedürfnisse in die Achtsamkeit stellen.

In kurzer Zeit merken Sie, dass Sie über die Eigenverantwortung wieder mehr Spaß bekommen, dass Sie freundlicher mit sich und Ihren Kollegen/Freunden/Partnern umgehen und dass Sie auch für diejenigen Verständnis zeigen, deren Verhalten Sie zunächst einmal nicht verstehen. Staunen und wundern sind oft die Mittel der Wahl.

Die nachfolgenden Tipps zur Lebenslust helfen Ihnen beim Innehalten und Abschalten

Lebenslust – Tipp

1. Nach neuesten Erkenntnissen wirkt eine kurze Gedankenreise zwischendurch ähnlich entspannend wie stundenlanges Meditieren. Also am Comer See mit George Clooney Motorrad fahren oder mit Delphinen tauchen gehen. Dem Träumer liegt die Welt zu Füßen.

Lebenslust – Tipp

2. Ihr neuer Mitbewohner auf ihrem Balkon – ein Topf Basilikum. Das Kraut gilt als Balsam für die Seele. Gegen Stimmungstiefs reicht es zwischendurch mal kurz daran zu schnuppern. Die Edelvariante: legen Sie sich ein neues Sommerparfüm zu und erfreuen Sie sich an diesem Duft. Duftgeranien verwöhnen ebenfalls Ihre Nase.

Lebenslust – Tipp

3. Diese Form von Aktion löst Anspannung sofort. Lockern Sie hüpfend und tänzelnd Arm, Schultern und Nacken. Dann die Hände zu Fäusten ballen, vor das Gesicht nehmen und mit dicht am Körper geführten Arme gerade nach vorn boxen, abwechselnd einen richtigen abwärtshaken einbauen. Die Beine aus der Hüfte mit strecken. Wenn Sie Lust haben, stellen Sie sich jemand dabei vor – in ihren Gedanken...

Lebenslust – Tipp

4. Meetings, anstrengende Kundengespräche, Haus- und Straßenlärm – das alles zehrt an den Nerven. Jetzt bei einem Wald- oder Standspaziergang entspannen. Ganz einfach im Büro. Schließen Sie kurz die Augen, ob im Büro oder auf der Toilette und stellen Sie sich mit dem Geruch und den Geräuschen einen kurzen Waldspaziergang vor. Sie können sich natürlich auch andere Vorstellungen machen, die Ihnen jetzt die Lebenslust vor Augen führt.

Lebenslust – Tipp

5. In kleinen Schritten. 1. nehmen Sie sich zehn Minuten Zeit. 2. Atmen Sie tief und schließen Sie ihre Augen. 3. Fühlen Sie in ihren Körper hinein und beobachten Sie ihre Haltung. 4. Scannen Sie ihren Körper. Wo ist er angespannt, wo ist er relaxed. 5. Machen Sie sich bewusst, Meditation soll nicht den Kopf kontrollieren. 6. Machen Sie sich bewusst es geht weniger ums Tun, als ums nicht Tun. 7. Beobachten Sie jetzt Ein- und Ausatmung. 8. Lassen Sie Gedanken, die vorbei

kommen vorüber ziehen. 9. Kommen Sie langsam zurück, ins jetzt. 10. Nehmen Sie diesen Achtsamkeitscheck mit in ihren Alltag und freuen sich an diesem Lebensgefühl.

Lebenslust – Tipp

6. Stellen Sie sich eine wunderschöne Situation vor. An einem See, ein Sonnenuntergang, an einem Meer, mit einer geliebten Person. Erinnern Sie sich dieses Gefühl, dass Sie hatten, erinnern Sie sich an diesen Moment. Halten Sie diesen Moment fest, wie mit einer Fotokamera und speichern Sie dieses Gefühl in sich ab. Sie werden die volle Lebenslust in sich spüren.

Lebenslust – Tipp

7. Erinnern Sie sich als Sie einen großen Erfolg feierten. Erinnern Sie sich an dieses Gefühl. Erinnern Sie sich an den Applaus oder an die Glückwünsche oder an die schönen Gespräche. Erinnern Sie sich an diesen Glücksmoment und speichern Sie ihn mit ihrer inneren

Kamera einfach ab. Sie entdecken hautnah das Gefühl Ihrer Lebenslust.

Lebenslust – Tipp

8. Fahren Sie mit einem roten Beatle mit einem schwarzen Faltdach. Das hilft garantiert zur Entspannung.

Die kleine Reise zum ich – Tipp

9. Gönnen Sie sich eine kleine Gedankenreise. Stellen Sie sich 5 Sekunden lang – ein Bild, eine Tür, eine Lampe vor. Dann stellen Sie sich 3 Geräusche vor – ein Telefon, ein Auto, die Stille im Raum. Dann spüren Sie 3 Dinge – Ihren Fuß, Ihre Hand, Ihre Augen. Danach betrachten Sie 2 Dinge – 2 Geräusche und versuchen 2 Körperteile zu spüren. Wenn möglich suchen Sie diesmal andere Objekte und Geräusche vorher. Zum Schluss schauen Sie sich nur noch ein Objekt an, hören nur noch ein Geräusch und spüren nur noch ein Körperteil. Innerlich benennen Sie diese Wahrnehmung mit „ich sehe das Bild, ich höre das

Klingeln, ich spüre den Fußkontakt." Diese Methode hilft innerhalb von 5 Sekunden aus Ihrer Grübelfalle heraus zu treten. Viel Vergnügen.

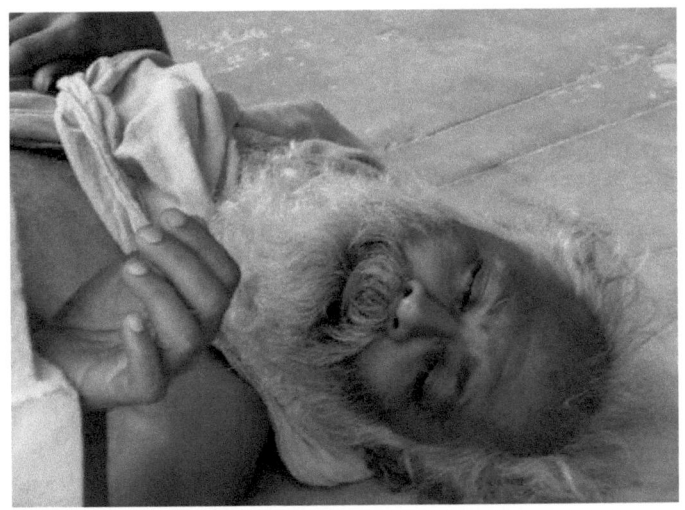

Tiefenentspannung durch los lassen

In unseren Wünschen steckt eine enorme Kraft. Eine Kraft, die uns dazu motivieren kann über uns selbst hinaus zu wachsen. Uns Ziele zu setzen, uns weiter zu entwickeln. Oftmals blockieren wir uns mit all unseren Wünschen. Wir sehen nur noch unsere Wünsche und nehmen nicht mehr unser Umfeld, unsere Freunde, unseren Partner war. Wir sind abhängig von unserer Ziel- und Wunscherfüllung.

Diese Täuschung kann so weit gehen, dass sich unser Partner, unsere Vorgesetzten, unsere Kollegen, unsere Freunde genauso verhalten sollen, wie wir uns das vorstellen. Enttäuschungen sind hier vorprogrammiert. Herr Prof. Dr. Werner Ehrhardt sagt „das Geheimnis eines zufriedenen Lebens besteht darin, nichts zu erwarten und alles zu bekommen". „Wer Angst hat, wem das Selbstvertrauen fehlt, sein Schicksal aktiv mitgestalten zu können, klammert sich an Erwartungen. Dennoch wer loslässt hat erfüllte Beziehungen und erreicht seine Ziele nicht verbissen, sondern mit einer Art inneren Leichtigkeit".

Emanuel Geibel beschreibt „Schöner selbst als der vollste Besitz ist die Erwartung des Glücks. Aber können wir das Glück wirklich erwarten? In diesem Wortkomplex erwarten stecken 2 verschiedene Haltungen. Zum einen kann ich mich dafür entscheiden dass ich etwas erwarte, also eine gewisse Forderung daran knüpfe. Hier ist aber gemeint, dass ich das Glück erwarte… Ich also auf das Glück warten kann. Hierin versteckt sich der Begriff der Geduld, der Demut, der Ruhe und der Gelassenheit.

Konfuzius stellt einmal fest „Das, worauf es im Leben am meisten ankommt, können wir nicht voraussehen. Die schönste Freude erlebt man immer dann, wo man sie am wenigsten erwartet hat". Es gibt sehr viele Buchempfehlungen und Hinweise die uns eine Art Wunscherfüllung garantieren. Aber wenn wir uns diese Garantie einmal genau anschauen, wie soll diese aussehen? Vielmehr steckt hinter dieser Haltung, unsere persönliche Grundhaltung, wie wir unsere Lebenswege beschreiten.

Charlie Chaplin hat in seinem wundervollen Gedicht über die Selbstliebe gezeigt, wie wichtig es in jedem Alter ist, für seine Wünsche zu brennen.

1. Entscheidungen treffen. Was will ich wirklich? Was wünsche ich mir? Nur wenn wir ehrlich zu uns selbst sind, uns die Zeit nehmen uns mit unseren Wünschen und Bedürfnissen auseinander zu setzen, können wir herausfinden, was wir von uns und unserem Leben eigentlich erwarten.

2. Verantwortung übernehmen. Wünsche sind eng verknüpft mit Kreativität, mit dem Tun. Wir müssen aktiv werden, um das zu bekommen, wonach wir uns sehnen. Dr. Eckehardt von Hirschhausen beschreibt das Glück als Erwartungsmanagement. Ich bin selbst verantwortlich für mich und meine Erwartungen.

3. Gelassen bleiben. Klammern Sie sich nicht zu sehr an ihre Erwartungen. Bleiben Sie in ihrer Souveränität. Freuen Sie sich auf den Ausgang mit einem guten Gefühl. Erfreuen Sie sich jetzt schon an einem guten Ergebnis. So wird es auch eintreten.

4. Hoffen statt Anspruchsdenken. Manchmal nehmen Dinge eine überraschende Wende. Starre Erwartungshaltungen führen zu Wut, Frust, Verzweiflung. Bleiben Sie offen für Veränderungen. Erinnern Sie sich an ihre Jugend. In der Jugend fällt es uns bewusst leicht für Veränderungen offen zu bleiben. Hoffnung setzt auch Demut voraus, die Akzeptanz, dass wir das Ereignis nicht in der Hand haben. Das schafft Raum für Flexibilität. Denken Sie immer daran, zwischen Reiz und Reaktion liegt ein Raum. Dies ist der Raum für unsere Kreativität, für unsere Hoffnung und unsere Freude. Im Übrigen die meisten Beziehungsprobleme entstehen durch gegenseitige Erwartungen. **Hingabe ist nur dann Hingabe, Liebe nur Liebe und Freundschaft nur Freundschaft, wenn daran keine Ansprüche verknüpft sind.**

5. Vertrauen haben. Den Lebensweg, den wir gehen ist der Gleiche. Ob wir ihn lächelnd oder weinend gehen. So sagt eine alte asiatische Weisheit. Wir können uns selbst für diese Haltung entscheiden. Es ist unsere innere Haltung, die den Unterschied zwischen einem beschwerten und einem Leben in Leichtigkeit macht. Wir alle sind Frau und Mann unserer eigenen Gedanken. Niemand sagt, wie wir auf Situationen reagieren müssen, oder gar denken müssen. Wir haben es selbst in der Hand unsere Wahrnehmung, die Art wie wir denken zu bestimmen. Es erfordert ein wenig Übung und Konzentration, blockierende Sätze zu neutralisieren. Denken Sie einmal nach, wann Sie sich selbst in der letzten Zeit mit ihren Gedanken blockiert haben. „Immer muss ich das erledigen, niemand versteht mich, schon wieder ist ein Stau da und ich weiß es nicht, wie ich den Termin erreichen soll".

Ein kleiner Tipp zur Übung. Versuchen Sie einmal eine Woche lang jeden negativen Gedanken innerhalb einer Minute positiv umzuformulieren. Sobald Ihnen etwas Negatives durch den Kopf geht, fragen Sie sich, was ist das Positive hieran? Was kann ich daraus lernen? Einer meiner Trainer in einer Gesprächsausbildung von mir, schnalzte immer mit dem Finger, wenn es zu Störungen kam und lud uns ein zu fragen

– was kann ich hieraus lernen? Dies habe ich in einem Leben verinnerlicht und es ist sehr kraftvoll.

Somit gibt es immer einen Weg nach vorne, es gibt immer eine Lösung und es gibt immer eine Herausforderung für unser Gehirn. Dies erweitert nicht nur unsere Wahrnehmung, es ist auch ein gutes Training, um mehr Zufriedenheit und Gelassenheit ins Leben zu bringen.

6. Los lassen. Heut zu Tage ist dieser Begriff inflationär. Jeder sagt lass los, lass deine Meinung los, lass deine Ansicht los, lass deine Erwartung und Befürchtungen los. Aber ist nicht auch ein Stückchen Wahrheit daran? Oft genügt es, unsere Wünsche und Erwartungen und Ansichten als Gedankenkonstrukte zu durchschauen. Wenn wir erst einmal begriffen haben, dass vieles woran wir so hartnäckig festhalten, selbst gestrickte Erwartungen sind, fällt es uns nicht schwer, Situationen zu akzeptieren.

In seinem Gedicht „**Selbstliebe**" schreibt Charlie Chaplin als ich mich wirklich selbst zu lieben begann, habe ich verstanden, wie sehr es jemand beschämt, ihm meine Wünsche aufzuzwingen, obwohl ich wusste, dass weder die Zeit reif, noch der Mensch dazu bereit war, auch wenn ich selbst dieser Mensch war. Heute weiß ich, das nennt man Selbstachtung. Wir brauchen uns nicht weiter vor Auseinandersetzungen, Konflikten und Problemen mit uns selbst und anderen zu fürchten, denn sogar Sterne knallen manchmal aufeinander und es entstehen neue Welten. Heute weiß ich, dass ist das Leben.

Charlie Chaplin – Selbstliebe

Als ich mich wirklich selbst zu lieben begann, konnte ich erkennen, dass emotionaler Schmerz und Leid nur eine Warnung für mich sind, gegen meine eigene Wahrheit zu leben. Heute weiß ich das nennt man „**authentisch**" sein. Als ich mich wirklich selbst zu lieben begann, habe ich aufgehört, mich nach einem anderen Leben zu sehnen und konnte sehen, dass alles um mich herum eine Aufforderung zum Wachsen war. Heute weiß ich, dass nennt man „**Reife**". Als ich mich wirklich selbst zu lieben begann, habe ich verstanden, dass ich immer und bei jeder Gelegenheit, zur richtigen Zeit am richtigen Ort bin und das alles was geschieht richtig ist – von da an konnte ich ruhig sein. Heute weiß ich das nennt man „**Selbstachtung**".

Als ich mich wirklich selbst zu lieben begann habe ich aufgehört, mich meiner freien Zeit zu berauben und ich habe aufgehört, weiter grandiose Projekte für die Zukunft zu entwerfen. Heute mache ich nur das, was mir Spaß und Freude bereitet, was ich liebe und mein Herz zum Lachen bringt, auf meine eigene Art und Weise und in meinem Tempo. Heute weiß ich das nennt man „**Ehrlichkeit**."

Als ich mich wirklich selbst zu lieben begann, habe ich mich von allem befreit, was nicht gesund für mich war. Von Speisen, von Menschen, von Dingen, von Situationen und von allem, was mich immer wieder runterzog, weg von mir selbst. Anfangs nannte ich das „gesunden Egoismus", aber heute weiß ich, das ist „**Selbstliebe**". Zur Erklärung ist hier zu erwähnen, dass die positive Selbstliebe seinen Mitmenschen **nicht** aus dem Auge verliert beziehungsweise dessen Bedürfnisse und Wünsche missachtet.

Als ich mich wirklich selbst zu lieben begann habe ich aufgehört, immer rechthaben zu wollen, so habe ich mich weniger geirrt. Heute habe ich erkannt, dass nennt man „**einfach sein**."

Als ich mich wirklich selbst zu lieben begann, da erkannte ich, dass mich mein Denken missmutig und krank machen kann, als ich jedoch meine Herzenskräfte anforderte, bekam der

Verstand einen wichtigen Partner, diese Verbindung nennen ich heute „**Herzensweisheit**."

Danke Charlie Chaplin für dieses wunderschöne und kraftvolle Gedicht über die Selbstliebe.

Die Lebenslust, also die Kraft das Leben nach unseren Wünschen zu leben setzt diese Reife, diese Selbstachtung und diese Ehrlichkeit zu sich selbst als Selbstliebe voraus.

Fischer Projekt Kap Verden

Was uns im Leben leichter macht.
Intuitive Intelligenz

Wir haben über Charlie Chaplin gelernt, dass es die Selbstliebe zu uns selbst ist, die eigenen Gedanken, die uns das Leben leichter machen.

Aber wie sieht das genau aus? An welcher Stelle unseres Lebens hilft uns unser Gehirn dabei? Und wie können wir unsere Gedanken in unserem täglichen Alltag beruflich sowie auch privat kraftvoll mit Leichtigkeit leben?

1. **Haben Sie schon einmal versucht ihr Gehirn auszutricksen?** Versuchen Sie es, ihre analytische linken Gehirnhälfte einmal abzuschalten. Haben Sie schon einmal auf dem Rücken der Natur gelegen und in den Himmel geschaut? Haben Sie schon einmal die Kraft der Natur in sich spüren lassen? Oder haben Sie einfach mal ein Bild gemalt, obwohl Sie von sich wissen, dass Sie nicht gut malen können? Geben Sie sich eine Chance. Und wenn es bei einem Landschaftsbild einfach nur um blaue Striche

geht, malen Sie einfach darauf los. Nach einiger Zeit klingt sich Ihre linke Gehirnhälfte fast geräuschlos aus, dafür kommt Ihre kreative rechte Seite so richtig in Schwung. Genießen Sie diesen neuen Schwung, denn Sie geraten in eine Art meditative Flow – und der tut sehr gut.

2. **Lieben Sie Ihr Chaos?** Kennen Sie das? Sie kommen nach Hause nach einem langen arbeitsreichen Tag und sehen in ihrer Wohnung nur Chaos. Die Briefe stapeln sich, das Geschirr stapelt sich, und das Chaos ist für Sie vollendet. Wissenschaftler der Universität Groningen haben herausgefunden, dass bei äußerer Unordnung das Hirn das Chaos im Kopf aufräumt, also zielorientierter denkt. Wenn Sie also kreativen Anspruch brauchen oder einen schnelle Problemlösung, gehen Sie einmal entweder in Ihre eigene Wohnung, die nicht aufgeräumt ist, oder in das Nachbarzimmer von ihrem Kollegen, lassen Sie ihr Hirn vom unordentlichen Schreibtisch des Kollegen einfach in Trapp bringen. Denken Sie daran: Aus dem Chaos werden die Sterne geboren.

3. **Fotografieren Sie ihre persönlichen Glücksmomente.**
Vor einigen Jahren war ich in Moskau an der Lomonosov-Universität und traf dort Frau Dr. Julija Zajtseva. Als Psychiaterin entwickelte sie die Chrono-Episodic-Therapie ein Verfahren das mit unserem episodischen Gedächtnis arbeitet. Sie lädt ein sich einfach zu erinnern. Ihr überraschender Erfolg im Sportwettkampf, der Applaus, die Glückwünsche der Freunde, ein super Gefühl. Oder die Überraschungsparty zu Ihrem runden Geburtstag. Als Sie im Mittelpunkt standen. Wie gut das man solche Hochgefühle herbei denken kann. Schließen Sie dafür die Augen und versuchen Sie, sich möglichst genau an vergangene Glücksmomente zu erinnern. Machen Sie solche Erinnerungsreisen über 2 Wochen, jeden Tag 30 Minuten bevor Sie einschlafen. Das hilft in aktuellen Krisensituationen, weil Sie damit die negativen Gefühle sehr gut ab puffern können.

Persönliche Empfehlung: Fotografieren Sie sich sehr oft in positiven Glücksmomenten und hängen Sie sich in Ihre Wohnung, gestalten Sie sich Ihre kleine persönliche Glücksecke. Sie hängen dort Ihre Glücksmomente auf in denen Sie so richtig glücklich waren und erinnern sich emotional jeden Morgen, wenn Sie aus dem Hause gehen.

4. **Trauen Sie ihrem Bauchgefühl.** Die einfachen Entscheidungen im Leben treffen wir in der Regel rational. Geht es aber um die entscheidenden Lebensfragen, wo will ich leben, wie soll meine Partnerschaft aussehen, will ich meine Partnerschaft ändern, will ich sie retten, wie will ich meine berufliche Karriere entwickeln, dann kommen wir mit dem Verstand alleine nicht weiter, denn die Kapazitäten des Verstandes sind begrenzt. Stellen Sie mal ihren Verstand auf „stand by" und lassen Sie ihr Gefühl Entscheidungen übernehmen. Wenn Sie darin keine Erfahrung haben, fangen Sie an sich darin zu üben. Machen Sie etwas belangloses, räumen Sie den Kofferraum auf, spülen Sie das Geschirr oder waschen Sie Ihre Haare. So geben Sie ihrem emotionalen Erfahrungsgedächtnis die Chance, sich in die Suche nach einer Lösung einzuklinken. Das emotionale Gedächtnis kennt keine Engpässe. Denn in seinem riesigen Arbeitsspeicher wird alles gespeichert, was wir erleben, was wir sehen, was wir fühlen. Steht eine komplexere Entscheidung an, schöpft unser emotionales Gedächtnis aus diesem Fundus und sendet uns Signale. Diese Signale spüren Sie als ungutes Gefühl oder freudiges Kribbeln im Bauch – und Sie werden die Lösung finden wenn es für Sie persönlich am besten passt.

Gewinnen Sie also das Vertrauen in ihr Bauchgefühl zurück. Werden Sie Ihr eigener innerer Berater, Ihr eigener innerer Coach und in Gesundheitsfragen werden Sie nach und nach auch Ihr eigener innerer Arzt.

Unsere intuitiven Wahrnehmungen bilden sich als Resonanzmuster in unserem Körper ab. Wenn wir die Fähigkeiten zurückgewinnen, so wie es unsere Naturvölker schon seit Jahrtausenden leben, sich ihrer bewusst zu werden um sie zu interpretieren, können wir unserer inneren Führung wieder vertrauen. Über die Integration der intuitiven Intelligenz öffnen wir den Weg zu mehr Verbundenheit, zu mehr Authensität und zu mehr Lebensfreude und Lebenslust.

Ebenso werden unsere eigenen Selbstheilungskräfte dadurch gestärkt. Indem wir unser Bauchgefühl wiederfinden dient uns unser Körper hierbei als Vermittler unzähliger Impulse. Dadurch können wir mit Leichtigkeit auf das uns zur Verfügung stehende Potential zurückgreifen. Jedem steht dieses Wissen zur Verfügung. Wir haben nur in der Regel verlernt, es als entscheidendes Werkzeug zu nutzen. Für manche Menschen erscheint es schwer sich darauf einzulassen, vielleicht weil sie nicht glauben, das was sie nicht sehen, oder beweisen können, oder weil sie ihren Gefühlen oder Fähigkeiten misstrauen. Dieses neue/alte Wissen können alle anwenden.

Gerade in meiner 20-jährigen Beratungspraxis sehe ich den Erfolg, wenn Klienten lernen auf ihr Bauchgefühl zu achten. Ihre Intuition wieder aufleben lassen und somit selbstbestimmter und mit größerer Selbstliebe und Selbstvertrauen die Lebenslust in ihrem Leben wieder finden. Es geht auch darum, in unserem Leben wieder ein Stück mehr Verantwortung für unser Glück und Wohlbefinden – kurz um – für unsere Lebensaufgabe zu übernehmen.

Wenn wir in unserem Web nachschauen und die Definition von Intuition nachlesen, fällt uns auf das Intuition aus dem lateinischen: Intueri = betrachten definiert wird. Es beinhaltet also die Fähigkeit, Einsichten in Sachverhalte, Sichtweisen, Gesetzmäßigkeiten oder die subjektive Stimmung von Entscheidungen ohne diskursiven Gebrauch des Verstandes, also etwa ohne Schlussfolgerungen zu erlangen.

Die Psychologie beschreibt Intuition als Fähigkeit impulsiv und unbewusst zu entscheiden um zu handeln. Es wird aber auch als Eingebung bezeichnet, die aus den Ergebnissen unbewusster Prozesse resultiert. Unterhalb der Bewusstseinsebene wird unser gesamter Erfahrungsschatz in Form von Kenntnissen, Einschätzungen und Reaktionsmustern gescannt, ob es brauchbare Hinweise für Entscheidungen und Verhaltensweisen gibt. L. Pasteur sagt zum Beispiel im Zusammenhang mit intuitiven Ideen „Der Zufall trifft nur einen vorbereiteten Geist, und Henry Poincaré sagte: „Intuition ist das Mittel zur Erfindung". Poincaré sagt aber auch, durch Logik beweisen wir, aber durch Intuition entdecken wir.

Ein großer weiser Spruch der die Intuition nicht besser beschreiben kann. Unter Intuition verstehen wir in der Regel Gedanken oder Eingaben, welche auf unserem Unterbewusstsein beruhen und ohne Reflektion

(Nachdenken) zustande kommen. Intuitive Gedankenblitze, Gefühle oder Ideen lassen sich nicht rational erklären. Sie sind einfach da ohne das man deren Entstehung beziehungsweise Herkunft selbst begründen könnte.

Wenn ich jedoch mit Klienten in Trainings arbeite fällt auf, dass wirkungsvolles trainieren der intuitiven Fähigkeiten deshalb in erste Linie bedeutet, sich selbst in den beschriebenen Zustand des „höheren Bewusstseins" bringen zu können.

Intuitive Wahrnehmung tritt oft dann auf, wenn jemand sich einer Tätigkeit voll hingeben kann, wenn jemand also in der entsprechenden Tätigkeit völlig aufgeht. Quasi diese Tätigkeit persönlich ist, wenn es fließt. Für Rousseau war Intuition die souveräne Intelligenz, die mit einem blinzeln die Wahrheit aller Dinge erkannte, im Gegensatz zum leeren und enttäuschenden Bücherwissen.

Platon nannte Intuition einen göttlichen Wahnsinn, aufgrund dieses unplanbaren, überraschenden, nicht rational ableitbaren Momentes wird das Resultat intuitiver Erkenntnis auch als Inspiration, Enthüllung, oder gar mystischer Erfahrung bezeichnet. Vielleicht liegt gerade deshalb die große Angst davor intuitiv zu handeln, weil wir Intuition nicht messen können und in unserer westlichen Welt das Messbare nur gilt.

Ich bewege mich seit vielen Jahrzehnten auch in der östlichen Welt und in dieser Welt ist die Intuition ein sehr großes Thema. Nicht nur das Messbare gilt, sondern auch das Intuitive, das Unbewusste, das was den Menschen antreibt ist das Kraftvolle. Unentbehrlich ist Intuition als Werkzeug zur Erweiterung beengter Perspektiven. Intuition ist der vom Willen unbeeinflusste spielerische Umgang des Hirnes mit den ihm zur Verfügung stehenden Daten.

Eine Form dauernder Intuition ist wohl das Fließen, der Zustand ohne den kaum ein Schriftsteller ein Buch und kaum ein Maler ein Bild schaffen kann. Im Zustand des Fließens hat das bewusste Denken, Planen und Organisieren aufgehört. Die Arbeit läuft unter voller Aufmerksamkeit eigentlich automatisch. Der Zustand wird durch nichts anderes als vollkommene Konzentration erzeugt. In diesem Zustand laufen komplexe

Denkreaktionen harmonisch ab, ohne durch bewusstes und zielstrebiges Denken beeinflusst zu werden. Dieser Zustand ist für die meisten kreativen Tätigkeiten erforderlich.

Konfuzius umschreibt diese Lösung – mache einen Umweg, wenn du es eilig hast. Und dieser kreative intuitive Problem-Lösungsprozess lässt sich in 5 Phasen unterscheiden. Gerade in der therapeutischen Arbeit, wenn Menschen rational an einem Thema festhalten und wir die Lösung jedoch nur in einer neuen Schau auf das Problem erlangen können ist es ratsam die unbewussten Prozesse in Bewegung zu bringen. Aus diesem Grund sind auch viele hypnotherapeutische Therapieformen entwickelt worden, die Menschen bei der Lösungssuche kraftvoll unterstützt haben.

Ich beschreibe nun die 5 Phasen:

1. **Problematisierung:** Probleme erkennen, Widersprüche aufspüren, Selbstverständnis in Frage stellen, Lücken im Wissen aufdecken, als sicher betrachtetes Wissen ablegen.

2. **Inkubation:** Wird eingeleitet durch eine Phase der Entspannung, in der das Problem abgelegt und scheinbar vergessen wird. In dieser Phase orientieren sich die Gedanken von selbst neu. Dabei entstehen neue Anschauungen, Symbole und Einsichten die zu einem neuen Erlebnis führen können. Dieser Kern der Intuition ist noch wenig erforscht.

3. **Heuristische Regression:** Die spontan auftauchenden Lösungsvorschläge (Inspiration/Intuition) des Gehirns werden spielerisch auf ihre Tauglichkeit untersucht. Die Freiheit von Normen und Konventionen ist in dieser Phase unerlässlich. Die Phase wird durch die Auswahl aussichtsreichsten Lösungsideen beendet.

4. **Elaboration:** Der gewählte Lösungsansatz wird systematisch ausgearbeitet und verständlich präsentiert.

5. **Diffusion:** Die Lösung wird angewandt und in Alltagsgeschehen eingepasst, in gewissem Sinne also popularisiert.

Das Problem liebt es Probleme zu lösen, sagt der Neurologe Prof. Dr., Dr. Dr., Gerald Hüther. Ich kenne Herrn Prof. Dr. Hüther als einen Menschenfreund. Er ist

Leiter der Zentralstelle für neurobiologische Präventionsforschung der Universität Göttingen und Autor mehrerer Bücher. Sein Anliegen ist es neurobiologisches Wissen in die Praxis zubringen. Er ist der Meinung, wenn ein neues Gefühl stark genug wird, kann es ein altes Gefühl überlagern.

Er ist der Meinung Menschen die das Leben etwas lässiger nehmen, haben Vertrauen in sich und ihre Mitmenschen, was sich auch mit den Aussagen von Charlie Chaplin trifft. Dr. Hüther ist der Meinung, dass diese Menschen weder den materiellen noch an geistigen Besitzständen festhalten, sondern lassen sich mittragen vom Fluss des Lebens. Geht etwas schief, erleben sie dass nicht als Schicksal sondern als spannende Erfahrung aus dem es zu lernen gilt.

Unser Gehirn ist eine Dauerbaustelle, sagte Dr. Hüther in einer Verstaltung 2010 in Wiesbaden und es hört nie auf zu lernen. Zwar können alte Muster, die durch Misserfolge oder Kränkungen erstehen, nicht ausradiert werden, aber das flexible Frontalien ermöglicht es uns die Bewertungen zu ändern – und uns das Leben somit leichter zu machen.

Gerade im Coaching und in beratenden Prozessen hat Herr Prof. Dr. Hüther bildhaft durch MRT-Aufnahmen beweisen können, dass die größte Bewegung im Gehirn stattfindet, wenn wir begeistert sind. Der Mensch lernt und begreift am meisten im Zustand der Begeisterung. Kinder sind 20- bis 50-mal am Tag begeistert und wir als Erwachsene? Vielleicht 1-mal in der Woche. Damit geht uns wichtiges Potential verloren. Das Wichtigste worauf es ankommt: Wir brauchen einen Menschen der uns liebevoll einlädt, ermuntert und inspiriert. **Wir werden was wir sind. Immer nur im Miteinander.**

Wenn man Verletzungen durch andere erfahren musste, können anderen Menschen helfen, da wieder herauszukommen. Man muss seinem Hirn immer wieder neu eine Chance geben. Wie gelingt das? Herr Prof. Dr. Hüther ist der Meinung, man muss sich immer selbst eine Chance geben, um eine neue positive Erfahrung zu machen. Neurobiologisch genügt dafür eine gute Erfahrung, die unter die Haut geht. Sie müssen diese Erfahrung richtig gefühlt haben. Diese Erfahrung muss Sie berührt haben. Nur dann bleibt sie dauerhaft in ihrer Erinnerung.

Wenn es uns gelingt unsere Haltungen zu bestimmten Prozessen zu verändern, verändert sich auch unser Verhalten und zwar nachhaltig.

Wenn ein neues Gefühl stark genug wird, kann es ein altes Gefühl überlagern, aber das klappt nicht nur über den Verstand allein und auch nicht indem man sich furchtbar anstrengt. Neue Verknüpfungen entstehen nur dann, wenn sie unter die Haut gehen. Das aber jeder Zeit. Nach einer erfolgreichen Prüfung oder anregenden Begegnung schütten die Nervenzellen im Mittelhirn neuroplastische Bodenstoffe aus, die wie Dünger wirken. Es ist aber nicht tragisch ab und an aus dem seelischen Gleichgewicht zu geraten, wenn es anschließend gelingt seine persönliche innere Balance zu finden.

Ich habe von einigen Jahren in einer großen Aids-Klinik in Johannisburg hospitiert und dabei mit sehr vielen Menschen sprechen können, die sich an einem Menschen mit Aids infiziert haben.

Viele Menschen waren in ihrem innersten enttäuscht und gekränkt. Sie hatten vertraut und haben eine der größten Enttäuschungen ihres Lebens erlebt, denn sie werden dadurch ihr Leben verlieren.

Mit diesen Menschen habe ich versucht ein starkes Gefühl wieder zu beleben. Ich habe sie zum Beispiel mit ihren lang nicht gesehenen Eltern zusammen gebracht, ich habe sie mit den Bildern ihrer Kindheit, die wunderschön waren, in Verbindung gebracht und ich habe sie mit alten Schulfreunden verbunden, indem ich in die Dörfer gegangen bin und diese Schulfreunde in die Klinik gebracht habe.

Ich habe also versucht das Gehirn einzuladen mit Begeisterung viele positive Bilder entstehen zu lassen. Und das Ergebnis der Behandlung war, das sich das Wohlbefinden der Menschen enorm gesteigert hat. Fazit: auch bei einer sehr schweren Erkrankung können wir mit der Umwandlung von Erlebnissen mit den neurobiologischen Prozessen in unserem Gehirn positive Bilder erzeugen.

Wie Prof. Dr. Hüther immer wieder bestätigt, ist es die Begeisterung, die uns den Schlüssel dazu liefert.

Sich um sich und Andere kümmern, das stärkt und richtet den Blick auf das Wichtige und das Wesentliche.

Ich kann persönlich diese Einschätzung nur bestätigen, denn ich war in den letzten 30 Jahren in über 90 Ländern der Welt in Kinder- und Gesundheitsprojekten und habe nicht nur bei mir festgestellt, sondern auch bei den besuchten Projekten das man sich wohl fühlt, in einem gemeinsamen Tun. Das wir gemeinsam, auch wenn der Zustand noch so schwierig ist, getragen sind und das wir in der Gemeinsamkeit Kraft, Freude und Lebenslust empfinden können. Zu Beginn des Buches beschrieb ich die Begegnung in Kuba. Kuba hat sicher eine schwierige politische Situation durchlebt und zurzeit auch noch zu bewältigen, aber die Lebensfreude und die Lebenslust der Menschen ist begeisternd, ansteckend und lebensfördernd.

Lassen Sie sich also ein in den Weg ihrem eigenen Bauchgefühl zu trauen, Ihrer Intuition zu folgen und Ihrem Gehirn zuzutrauen, dass es auch anders denken kann, wie Sie es bisher erlebt haben.

Erlangen Sie mehr Lebensfreude, erlangen Sie mehr Lebenslust und erlangen Sie mehr Selbstliebe in der Gestaltung ihres beruflichen und persönlichen Lebensraumes. Ich wünsche Ihnen viel Erfolg und Freude.

Die Demoskopen Renate Köcher, die Chefin des Meinungsforschungsinstitutes Allensbach und der Finanzwissenschaftler Bernd Raffelhüschen haben im Auftrag der Deutschen Post AG die erste Untersuchung zu Seelenlagen der Bundesbürger vorgestellt.

Die wichtigste Erkenntnis des Glücksatlas Deutschland 2011: obwohl unser Lebensstandart seit 60 Jahren stetig wächst, nimmt die Lebenszufriedenheit kaum zu. Auf einer Skala von 0 (ganz und gar unzufrieden) bis 10 (vollkommen zufrieden) gegeben 2/3 der Deutschen ihre Zufriedenheit mit 7 oder höher an. Das Glück ist eben nie perfekt. Wer sich täglich Filetsteak gönnen könnte leidet unter zunehmendem Stress im Job. Die Studie erwies das in Hamburg die Menschen am zufriedensten sind. Platz 2 und 3 des Rankings belegten Niedersachsen und Bayern. In Thüringen sind die Bürger am wenigsten zufrieden. Davor rangieren Brandenburg und Mecklenburg-Vorpommern. Die neuen Bundesländer weisen aber steigende Zufriedenheitswerte auf. Die Einbindung in soziale Netzwerke, der Austausch zwischen Freunden und Bekannten, das Engagement in Vereinen und für andere, der gute Kontakt zur Nachbarschaft, werden als essentiell für Zufriedenheit angegeben.

Eine weitere erstaunliche Erkenntnis der Glücksforscher. Kinder über Jahrhunderte als traditionelle Glücksquelle anzusehen sind heute weniger wichtig als angenommen. Paare ohne Kinder sind nach der Studie genauso glücklich wie jene mit 2 Kindern. Am geringsten ist die Zufriedenheit bei Paaren mit 1 Kind. Der als wichtigster Faktor für **ein gut gewärmtes Lebenshaus** ist ein Partner.

Als glücksbringend werden dabei 3 Faktoren genannt: Die enge Gemeinschaft, der emotionale Beistand und das sexuelle Begehren. Am zufriedensten sind verwitwete Menschen so die Studie, die einen neuen Partner gefunden haben, das zweite oder späte Glück scheint eine besondere Strahlkraft zu haben. Besonders glücklich sind junge Menschen unter 30. Sie tragen bis dahin nur die Verantwortung für sich selbst und haben das Leben noch vor sich und sind weder durch Niederlagen demoralisiert noch von der Verantwortung für Kinder oder pflegebedürftige Eltern strapaziert. Genauso glücklich wie die Jungen sind die über 60-jährigen. Das Berufsleben ist bereits beendet oder klinkt aus, die Kinder sind erwachsen, die Existenz ist gesichert jetzt kommt die Kür. Die mittlere Generation, also die zwischen 30- und mitte 50-jährigen sind jedoch im Beruf und in der Familie gleichermaßen gefordert. Es kommen die großen Rückschläge wie ein großer Karriereknick, Jobverlust oder auch eine Scheidung, wovon bereits 1/3 aller Ehen betroffen ist.

Sind auch Sie jemand der immer ein Haar in der Suppe findet? Oder sind Sie jemand der aus einem verregneten Dänemarkurlaub noch sonnige Grüße schickt?

Glück ist Selbstgenügsamkeit, meinte der griechische Philosoph Aristoteles und der amerikanische Präsident Abraham Lincoln fand dafür eine Formel „die meisten Menschen sind so glücklich, wie sie es sich vorgenommen haben". Die aktuellen Glücksforscher bestätigen die Bedeutung individueller Persönlichkeitsmerkmale. Doch warum genau ist für den Einen das Wasserglas stets halb voll und für den anderen halb leer?

Das Temperament und der Charakter sind von zentraler Bedeutung. Wer optimistisch und extrovertiert ist, also spontan und kontaktfreudig, neigt nicht nur dazu mit weniger zufrieden zu sein, sondern ist auch in der Lage sein Leben zufriedenstellend zu gestalten.

Wer das Glück finden will, sollte die Begegnung mit anderen suchen und die Welt mit allen Sinnen begreifen. Denn das Umkreisen der eigenen Befindlichkeit macht garantiert nicht glücklich. Der Mensch wird am Du zum Ich schrieb der Philosoph Martin Buber. Glück kann man nicht multiplizieren indem man es teilt, ergänzte der Friedensnobelpreisträger Albert Schweizer.

Das Glück ist da zuhause, wo einer sein Lebenshaus gut bestellt hat. Fühle ich mich selbst darin wohl? Mögen mich andere in diesem Haus besuchen? Die große Kunst eines glücklichen Menschen besteht darin, den Blick nie ins Defizit zu richten, sondern immer ins Potential des Lebens. Hier die 10 Glücksbringer und Glückshemmnisse im Überblick:

10 Glückbringer:
1. sehr gute Gesundheit
2. Ehe und Partnerschaft
3. Treffen mit Freunden und Bekannten
4. Regelmäßiger Sport
5. Eigenheim
6. Autonomie am Arbeitsplatz
7. Gehaltserhöhung
8. Freizeitaktivität
9. Klassische Kultur
10. Religiosität

Die 10 Glückhemmnisse im Überblick:

1. Schlechte Gesundheit
2. Tod des Partners
3. Arbeitslosigkeit
4. Soziale und kulturelle Isolation
5. Scheidung
6. Altern
7. Behinderung
8. Kaufkraftverlust
9. Relativer Einkommensverlust
10. Langer Arbeitsweg/Pendeln

Quelle: Glücksatlas Deutschland 2011, Knauer Verlag

Schulprojekt Benin

Seine eigenen Vorstellungen leben

Ein Krieger des Lichtes ist vertrauenswürdig. Er macht durchaus Fehler, beispielsweise wenn er bei seinen Geschichten etwas übertreibt und sich am Ende für wichtiger hält als er tatsächlich ist. Aber da er ein Krieger des Lichtes ist, darf er auf keinen Fall lügen. Wenn er sich mit seinen Gefährten um das Lagerfeuer herum versammelt und mit ihnen redet, weiß er, das die Worte im Gedächtnisuniversums eingeprägt bleiben und Zeugnis dessen sind was er denkt. Ein Krieger überlegt: „Warum rede ich so viel? Wo ich es doch so oft nicht schaffe, alles das zu tun, was ich sage?" Das ist eine wichtige Überlegung. Das Herz antwortet: "Wenn Du Deine Vorstellungen öffentlich machst, musst du dich bemühen diese Vorstellungen entsprechend zu leben." Und weil er denkt, dass er ist, was er sagt, wird der Krieger am Ende zu dem was er von sich sagt... Aus dem neuesten Roman von Paulo Coelho: Der Krieger bleibt allein.

Der beste Freund ist dein Körper.
Er gibt Dir die richtigen Zeichen. Nimm seine Signale wahr. Es ist deine persönliche Wahrheit.

Glück ist Erwartungsmanagement.

Wer nicht erwartet ist am glücklichsten.

Die Intuition ist Kraft des Unterbewussten.

Darin liegt die größte Chance der persönlichen Entwicklung.

Etwas für andere tun, stärkt am Meisten und bringt die höchste Lebenszufriedenheit.

Der Kampf gegen Malaria. Jedes Jahr sterben 780.000 Menschen an Malaria, die meisten davon in Afrika. Durch die Krankheit gelingt es Millionen von Menschen nicht sich aus der Armut zu befreien. Doch dank eines massiven internationalen Vorstoßes zur Eindämmung von Malaria könnte die Krankheit bald endlich ihren Schrecken verlieren.

Schwangere Frauen und Kinder sind am stärksten durch Malaria gefährdet. Allein in Afrika sterben jedes Jahr schätzungsweise 10.000 schwangere Frauen und bis zu 200.000 Kleinkinder an dieser Krankheit. Nach Schätzungen könnten 4,2 Millionen Menschenleben gerettet werden, wenn in den 20 am schlimmsten betroffenen afrikanischen Ländern bis 2015 alle Instrumente zur Malariakontrolle verfügbar wären. Zum Beispiel Moskitonetze, Diagnostik und Medikamente. Dank dieser Netze konnten die Infektionszahlen um 90 % gesenkt werden.

Die Autorin unterstützt mit ihrem Team INCA weltweit Projekte. Sie schaut sich die Projekte an, unterstützt die Projektleiter bei Bedarf und vernetzt Hilfe, die das Projekt jeweils braucht. Eine Übersicht der Projekte finden Sie unter: www.inca-soziale-netzwerke.de

Möchten Sie über diese Projekte oder auch andere Projekte mehr wissen. Die Autorin Karin Engel war in über 90 Ländern der Welt und startet und unterstützt kleinere aber effektvolle Gesundheits- und Kinderprojekte um Arbeitsplätze zu garantieren und gegebenenfalls Krankheit zu lindern. Informieren sie sich auch unter der Homepage: www.inca-soziale-netzwerke.de

Dieses Buch lädt ein Ihre eigene Balance zu finden, unter Berücksichtigung Ihren eigenen Lebensweges, Ihre eigenen Erfahrungen und Ihre eigenen Wünsche und Bedürfnisse. Die Autorin war in über 90 Ländern der Welt und hat Erfahrungen gesammelt, die sich beziehen auf psychische Widerstandskräfte, die sich auf mentale Haltungen, Heilkräuter, aber auch Stabilitäten, wie Ernährung, Freundschaft, Liebe und Intuitionen stützen. Ein Teil davon werden Sie in diesem Buch mit Ihren eigenen Erfahrungen verbinden können. Das Buch lädt Sie ein, Ihre eigene Resilienz, also Ihre eigene psychische Widerstandskraft weiter auszubauen und Ihre eigenen Schlüsse dazu zu entwickeln, die Sie im Beruf und im Alltag kraftvoll bleiben lässt. Es werden Kinder zu Wort kommen, die von der Autorin interviewt wurden, die so manch Lebensklugheit widerspiegeln und uns nicht nur als Jugendliche sondern auch als Erwachsene ansprechen, in dem wir voneinander lernen können. Auf den Spuren der eigenen Lebenslust – lassen Sie sich inspirieren.

Vielleicht konnte ich Sie mit den Gedanken, die dieses Buch vertieft ermutigen ihre eigene Lebenslust weiter zu entwickeln. Die Freude, die Leichtigkeit, die Herzenswärme, die Lebendigkeit und die Freude an ihren positiven Gedanken zu vertiefen, Vertrauen zu lernen, dass was Sie fühlen tragfähig ist und das uns das Fühlen ausmacht. Als Mensch, als Mitmensch, als Partner, als Kollege, als Freunde, als Gesellschaft insgesamt. Lassen Sie uns gemeinsam die Lebenslust weiter entwickeln. Lassen Sie uns lebendiger werden, in unseren Beziehungen und an unserem beruflichen Alltagsgeschehen.

Ich lade Sie ein einige Gedanken nach diesem Buch auszuschreiben.

1. Meine Arbeit macht mir Spaß, weil ....
2. Vom Arbeitsalltag entspanne ich indem ....
3. Unvergessen bleibt für mich ....
4. Mein größtes Hobby ist ....
5. Mit wem kann ich über alles reden? ....
6. Wo fühle ich mich am meisten geborgen? ....
7. Wenn ich BundeskanzlerIn wäre, würde ich ....
8. Mein persönliches Lebensmotto lautet.....................

Ich unterstütze soziale Projekte in der Welt. Ich unterstütze die Seminarleiter, die eine große Aufgabe tragen. Ich werde unterstützt von einem hervorragenden Team, die ehrenamtlich INCA unterstützen. Sind sie interessiert, an diesen Projekten selbst mitzuwirken, zu hospitieren, zu spenden oder uns zu unterstützen, mailen Sie mir bitte unter meiner eMail-Adresse.

Leicht zu Leben ohne Leichtsinn,
heiter zu sein ohne Ausgelassenheit.
Mut zu haben ohne Übermut – das ist die Kunst des Lebens!

Theodor Fontane

Ich möchte Ihnen ein Angebot machen. Wenn Sie an einer Wegkreuzung stehen und Zweifel größer sind, als Hoffnungen, Wünsche und Freude, mailen Sie mir unter meiner E-Mail-Adresse: KarinEngel1957@yahoo.com, sich mitteilen verbindet.

Viel Glück.

Platz für eigene Gedanken

Platz für eigene Gedanken

Platz für eigene Gedanken